합니다, 독립술집

BOOK
JOURNALISM

합니다, 독립술집

발행일 : 제1판 제1쇄 2017년 12월 13일 제1판 제3쇄 2023년 5월 1일
지은이 : 원부연·안상현·변익수·하상우·김슬옹
발행인·편집인 : 이연대 CCO : 신아람 인터뷰·편집 : 서재준
제작 : 허설 지원 : 유지혜 고문 : 손현우
펴낸곳 : ㈜스리체어스 _ 서울시 서울시 중구 한강대로 416 13층
전화 : 02 396 6266 팩스 : 070 8627 6266
이메일 : contact@threechairs.kr
홈페이지 : www.threechairs.kr
출판등록 : 2014년 6월 25일 제300 2014 81호
ISBN : 979 11 86984 18 5 03300

이 책 내용의 전부 또는 일부를 재사용하려면
반드시 저작권자와 스리체어스 양측의 동의를 받아야 합니다.
책값은 뒤표지에 표시되어 있습니다.

북저널리즘은 환경 피해를 줄이기 위해
폐지를 배합해 만든 재생 용지 그린라이트를 사용합니다.

BOOK
JOURNALISM

합니다, 독립술집

원부연 · 안상현 · 변익수 · 하상우 · 김슬옹

차례

07　　　　서문 : 독립술집에 가면

11　　　　북저널리즘 인사이드 : 독립술집의 조건

19　　　　**1 _ 상암동 원부술집 : 원부술집엔 원부가 있다**
　　　　　술집, 고독과 설렘의 경계에 있는 장소
　　　　　내 삶은 내가 기획한다
　　　　　기획자의 공간, 독립술집
　　　　　독립술집의 미래, 원부의 미래

49   **2_ 경리단길 한국술집 안씨막걸리 ; 우리 술, 우리 방식**
　　　나는 왜 이 술집을 차렸나
　　　한국술을 재정의하다
　　　취향의 공동체
　　　바로 여기가 본토다

83   **3_ 망원동 참프루 ; 망한 상권만 찾아다닌다**
　　　사장이 되는 법
　　　피난민, 망원동에 집을 차리다
　　　꿈과 희망을 찾는 사람들
　　　퇴폐와 향락을 위해

121   **4_ 연남동 비노 라르고 ; 느리게 가는 삶**
　　　즐거운 손님과 함께, 즐기는 인간
　　　서른에 걷기 시작한 느린 길
　　　와인 '식당' 라르고
　　　행복은 선택하는 것

153   **5_ 통의동 심야오뎅 ; 공간을 기르는 사람**
　　　혼자 가고 싶은 술집
　　　오뎅탕을 끓이는 플로리스트
　　　공간의 공기를 다루는 방법
　　　영감이 아닌 경험으로 만드는 미래

서문　　　　　　　　독립술집에 가면

"독립술집? 독립술집!" 독립술집이라는 말을 처음 들었을 때는 생소하다고 생각했다. 그런데 몇 번 되뇌다 보니 어쩐지 납득이 가는 말이라는 느낌이 왔다. 그리고 독립술집이 어떤 공간일지 머릿속에 그림이 그려졌다. 독립이라는 단어와 술집이라는 공간이 합해지니 제법 그럴듯하다는 생각도 들었다. 동시에 왜 아무도 이런 말을 쓰지 않았을까, 하는 궁금함도 생겼다. 어쨌든 나에게는 꽤 느낌 있게 다가오는 말이었다.

'혼술'이 트렌드다. 혼술하는 사람들은 술을 마시며 누군가의 스토리를 곁들이고 싶어 한다. 그래서 술을 마시는 공간과 운영하는 사람의 스토리가 있는 가게를 찾아간다. 독립술집의 주인장들은 이들을 기꺼이 반기며, 자신의 공간을 보여 주고 이야기를 들려준다. 독립술집을 표방하는 공간의 입구에 들어선다면, 낯가림이 심한 사람이라도 괜히 '말 걸어 볼 마음'이 생길 것 같다. 무언가가 궁금해지고, 그래서 말 걸고 싶고. 그렇게 사람과 공간과 스토리가 시작된다.

스토리는 사람과 공간을 타고 퍼진다. 사람들의 발걸음과 이야기가 공간에 모인다. 관계와 시간이 축적되면 신기하게도 공간에 힘이 생긴다. 나만 알고 싶으면서도 다른 사람에게 소개하고 싶은 마음. 그런 마음을 이기지 못하게 만드는 힘. 그렇게 공간은 확장성을 가지며 점점 더 많은 사람의 스토리를 담아 간다. 그 속에서 트렌드와 콘텐츠가 생겨나고 재생산된다.

독립술집들은 소위 말하는 '핫 플레이스'가 될 수 없을지도 모른다. 예쁜 사진을 모으는 사람들, 스마트폰 하나면 모든 갈증이 채워지는 사람들은 이런 공간에 어울리지 않는 것 같다. 세대와 상관없이 아날로그 감성을 공유하고 싶은 사람들이 모여서, 불과 한두 시간만 앉아 있어도 친구 한 명은 꼭 생길 것 같은 곳. 그런 매력으로 인해 사람들이 꾸준히 찾아오는 공간이 독립술집이지 않을까 싶다.

학창 시절에, 혹은 사회 초년생 때 다니던 추억의 술집들을 떠올려 보았다. 아무 주제나 늘어놓으며 밤새 이야기할 수 있는 공간들이었다. 술집 주인장도, 손님들도 문 닫는 시간 따위 별로 신경 쓰지 않았다. 나 역시 대학교 때 동아리 선후배들과 그런 시간을 많이 보냈다. 하지만 이제 그런 공간들은 거의 사라졌다. 나와 비슷한 경험을 공유한 사람이라면 마음 한구석에 추억의 공간에 대한 갈증은 늘 있을 것이다.

독립술집의 이야기를 들으며, 우리의 갈증을 독립술집이 해결해 줄 수 있을지 모른다는 생각이 들었다. 기술과 경쟁, 효율성을 따지는 세상일수록 감성과 감정이 끌리는 대로 흘려보낼 수 있는 시간이 필요하지 않을까. 사람과 스토리, 술과 함께 시간을 흘려보내기에 제격인 곳. 나는 독립술집에 간다.

나영석 PD

북저널리즘 인사이드   독립술집의 조건

제품이 아니라 취향을 사고파는 시대다. 책방 주인의 취향과 감성이 고스란히 담긴 독립책방은 서울의 트렌드가 된 지 오래다. 요즘 젊은 사람들은 특색 있는 독립책방을 서너 곳 이상 알고 있고, 주기적으로 방문하는 것을 '트렌디'하다고 생각한다. 자신의 취향에 맞는 책방을 발품 팔아 찾고, 그 공간과 커뮤니티를 즐긴다. 일반 서점과는 '뭔가 다른' 것이 독립책방에 있기 때문이다.

술집도 마찬가지다. 최근 들어 서울에는 술과 취향을 함께 파는 사람들이 나타나고 있다. 이들은 스스로를 기획자라 부르며 새로운 문화와 트렌드를 창조하고 있다. 그런 가게를 '독립술집'이라는 이름으로 정의해 보기로 했다. 독립술집은 세상에 없던 말이다. 그러나 언어가 없어 존재를 인식하지 못했을 뿐 독립술집의 형태나 문화는 이미 하나의 트렌드로 자리 잡고 있다.

독립술집에서는 술이라는 상품과 화폐가 등가로 교환되지 않는다. 독립술집의 주인들은 술을 매개로 라이프 스타일을 팔고 있다. 이런 술집은 들어서는 순간부터 평범한 주점과는 '뭔가 다른' 인상을 풍긴다. 가게의 규모와 분위기, 주인과 손님의 관계, 주인의 경영 철학 등에서 비롯하는 차이인데, 일반 술집과 구분하는 몇 가지 기준이 있다.

첫째, 독립술집은 자본의 논리만으로 운영되지 않는다.

독립술집의 주인들은 장사가 잘돼도 섣불리 가게 확장을 추진하지 않는다. 프랜차이즈 방식의 체인점 출점이나 '물 들어올 때 노 젓는' 식의, 수익 극대화에 초점을 맞춘 운영 방식을 배격한다. 이들은 자신의 고유성이 담긴, 남들이 베낄 수 없는 공간을 만들고, 그 공간의 아우라를 퍼뜨릴 수 있는 방법을 궁리한다. 똑같은 공간을 여러 개 만들기보다 서로 다른 특성을 가진 공간을 연결하는 데 관심이 많다. 독립술집을 독특한 콘셉트를 파는 수준의 '감성 주점'으로 생각하면 안 된다. 독립술집의 주인들은 공간을 꾸미는 것이 아니라, 숙성시키는 사람들이기 때문이다. 매일 미세한 조정을 가하며 자신의 공간에 변화를 준다. 문손잡이부터 조명, 수저 하나까지 주인의 취향이 담기지 않은 것, 손길이 닿지 않은 것이 없다. 무조건적으로 유행을 따르거나 수지 타산을 따지기보다는 손님과 영감을 공유할 수 있는 공간을 만드는 데 주력한다.

둘째, 독립술집에서는 취향의 공동체가 형성된다. 이제는 출신 지역이나 이력보다 취향을 따져 사람을 만나는 시대다. 독립술집의 주인들은 술집이라는 공간에 자신의 캐릭터를 투영하고, 여기에 호응하는 손님들이 독립술집을 찾는다. 주인과 손님이 부지런히 상호 작용하면서 취향의 공동체가 구성되고 확장된다. 주종과 안주의 구성이나 맛에 대해 손님과 주고받은 이야기는 실제 운영에 적용된다. 손님들은 크라

우드 펀딩을 통한 투자로 술집 운영에 간접적으로 참여하기도 한다. 주인과 손님이 상호 작용하면서 결합된 취향은 새로운 트렌드로 발전해 또 다른 취향과 만나고 확대 재생산된다. 독립술집에서 술은 공간의 주인공이 아니다. 주인과 손님 사이의 상호 작용을 돕는 매개체로 존재할 뿐이다.

셋째, 독립술집은 젊다. 이 책에 소개된 다섯 명의 독립술집 사장들은 모두 20대~30대 중반의 나이에 가게를 열었다. 가장 생산적인 연령대에 술집을 차린 것이다. 젊음은 새로운 것을 시도하고 창조할 수 있는 원동력을 내재하고 있다. 이들은 술집을 차리기 전에는 '술집 주인'과는 전혀 다른 형태의 삶을 살았다. 서로 다른 환경 속에서, 서로 다른 이유로 술집을 차렸지만 각자의 방식으로 자리를 잡아 트렌드에 다양한 컬러를 보탰다. 그리고 지금보다 더 나은, 혹은 더 다른 모습의 미래를 그리며 기획하고 실행하고 있다. 독립술집의 문화를 즐긴다는 것은 우리 시대를 사는 젊은이들의 현재와 미래를 공유하는 가장 쉬운 방법일 수 있다.

넷째, 독립술집은 확장의 공간이다. 독립술집의 사장들은 자신을 기획자 혹은 종합 예술인으로 정의한다. 이들에게 가장 중요한 것은 매출이 아니라 지금 자신이 만들어 가고 있는 문화와 트렌드의 경계를 넓히는 것이다. 술집과 별도의 복합 문화 공간을 만들어 발전과 확장의 가능성을 찾고, 기성세

대의 삶의 방식을 좇지 않고 고유한 길을 개척하려는 시도를 반복한다. 트렌드를 만들기 위해 뜻이 맞는 사람을 모아 기획하고 실행한다.

독립술집과 그곳의 주인들이 만들어 가는 서울의 새로운 트렌드를 전하고 싶었다. 상암동 원부술집의 원부연, 경리단길 한국술집 안씨막걸리의 안상현, 망원동 참프루의 변익수, 연남동 비노 라르고의 하상우, 통의동 심야오뎅의 김슬옹은 솔직하게 자신의 이야기를 털어놓았다.

지난 5월에 시작한 취재를 끝내는 데 6개월이 걸렸다. 테이블 회전수나 매상처럼 수치로 드러나는 사실만을 기록하고 싶지 않았다. 왜 술집을 차렸는지, 후회하지는 않는지, 무얼 꿈꾸는지 더 깊은 속내를 들여다보고 싶어 같은 질문을 반복해서 물었다. 계절이 바뀌면서 변한 생각이나 상황을 수시로 공유했다. 때로는 그저 술 한잔 마시려고 찾아갔다.

다섯 명의 독립술집 주인들이 보통 사람보다 유별난 성격이라거나 타고난 능력이 월등히 뛰어난 사람이라고 생각하지는 않는다. 그러나 이들이 현실에 안주하며 속으로만 꿈을 그리는 부류가 아니라는 것은 확신을 가지고 말할 수 있다. 독립술집의 주인들은 오늘의 삶을 위해 술집을 운영하는 것이 아니라, 자신이 꿈꾸는 미래를 선명하게 그리고 실행하는 사람들이었다.

독립술집들은 멀리에 있거나 숨어 있지 않다. 오늘부터라도 동네 주변을 신경 써서 살피면 예상치 못한 인연을 만날 수 있을 것이다. 술을 많이 마시는 사람이든 그렇지 않은 사람이든 상관없이 독립술집 주인은 당신을 반갑게 맞이할 것이다. 독립술집은 사람이 모이는 공간이고, 술을 매개로 라이프 스타일을 공유하는 공간이니까.

프랑스의 법률가이자 《미식 예찬》의 저자 브리야 사바랭은 "당신이 무엇을 먹는지 말해 준다면 당신이 누구인지 말해 주겠다"라고 말했다. 오늘 서울에서는 "당신이 어느 술집을 가는지 말해 주면 당신이 누구인지 말해 주겠다"라고 말할 수 있겠다. 독립술집에 들르거든 술과 음식, 시간만 죽이지 말고 그곳의 주인과 속 깊은 대화를 나눠 보기를 권한다. 서울의 새로운 트렌드를 즐기는 당신을 만날 수 있을 것이다.

서재준 에디터

원부연 사장은 자신을 '원부(원 없이 부어라)'라고 소개했다. 8년을 다니던 광고회사를 그만두고 2014년 상암동에 원부술집을 열었다. 사람과 공간을 연결하는 '기획자'가 되기 위해 열중하고 있다. 술집이라는 공간에 '원부'라는 브랜드를 입히는 기획자를 꿈꾼다.

1

상암동 원부술집 ;
원부술집엔 원부가 있다

술집, 고독과 설렘의 경계에 있는 장소

원부술집 사장
원부연이 썼다.

술을 좋아하는 사람들이 한번쯤 해볼 법한 생각은 '아, 나도 술집 하나 내보고 싶다' 또는 '내가 술집 하면 이런 공간을 만들어야지'일 것이다. 사람들의 상상 속에 있는 술집은 뭔가 이상적이라고 생각했던 '좋은 것'들을 끊임없이 제공해 주는 공간이 아닐까.

하지만 실제로 술집을 운영한다는 건 이상이 현실로 다가오는 순간이다. 마치 연애 초반에는 장점만 있는 것 같았던 연인에게서 어느 순간부터 단점이 하나둘 보이기 시작하는 것과 비슷하다. 내게 가장 크게 다가왔던 현실의 순간은 혼자 덩그러니 있는 게 너무나 고독하게 느껴졌을 때다. 그 감정을 누군가와 공유하기 어렵다는 사실은 그 순간을 더 고독하게 만든다. 누군가에게 말하는 순간 "그래도 너는 회사 안 다니잖아" 또는 "에이, 장사 잘되면서 무슨 배부른 소리야"라는, 남의 속도 모르는 말들만 돌아온다.

회사라는 큰 조직에서 삶의 의미를 찾지 못하고 확장의 한계를 느껴서, 나만의 무언가를 찾고 싶어서 술집이라는 공간을 시작했다. 그런데 술집을 차리기 전에는 미처 예상하지 못했던 잡무들이 많았다. 귀찮은 서류도 혼자서 전부 처리해야 하고, 월별, 분기별, 반기별, 연도별 실적에 대한 압박도 속된 말로 장난이 아니다. 잘 안 될 때는 이유가 뭔지 아무리 생각해도 답이 나오지 않을 때가 더 많다. 회사에 다닐 때처럼 소비자 조사를 할 수도, 객관적인 지표를 찾을 수도 없다. 오로지 내 감에 의존해야 하는 순간이 더 많다. 직관과 책임감으로 점철된 일터가 바로 독립술집이라고 할 수 있겠다.

어떤 날엔 그만두고 싶은 순간들이 찾아오기도 한다. 그런데 회사는 홀가분하게 내 몸 하나만 나오면 끝이지만, 독립술집은 내가 그만두는 순간 장소와 브랜드가 송두리째 사라지게 되니까 쉽게 포기할 수 없다.

이런 힘든 점에도 불구하고 나는 독립술집 창업을 누구에게나 매우 강력하게 추천하고 싶다. 회사를 그만두고 혼자만의 술집을 운영한다는 것의 장점은 분명하다. 나만의 공간이 생기고, 사람이 모이고, 좋아하는 술을 마시면서 시간을 보낼 수 있으며, 장사가 잘되면 회사에 다닐 때보다 돈도 더 많이 벌 수 있다. 옆자리 사람과 치열하게 경쟁하지 않아도 되고, 출근 시간에 맞추느라 만원버스나 지옥철에서 허덕이지 않아도 되며, 상사의 잔소리도 없을 뿐더러 매일 출근하는 친구들의 부러움을 살 수 있다. 열거할 장점은 너무 많다.

독립술집을 차린다는 것은 10점 만점에 8점 정도 줄 수 있을 정도로 해볼 만한 경험인 것 같다. 힘든 점을 먼저 늘어놓은 이유는 많은 사람들이 술집 운영의 환상적인 청사진만 그리고 창업을 하는 것 같아서다. 혼자서 술집을 운영한다는 것은 모든 문제를 스스로 극복해야 한다는 의미라는 것을 잊지 않았으면 한다.

　다른 독립술집의 주인들을 많이 만나 이야기를 나누고 싶다. 다른 이들도 자신의 공간을 술집 이상의 어떤 공간으로 만들어 가고 있는지, 새로운 트렌드를 만들고 싶은 꿈을 꾸고 있는지, 꿈을 어떻게 실행하고 있는지 확인하고 싶다. 이야기를 나누며 새롭게 자극받고, 좋은 아이디어를 공유하고 싶다. 원부술집을 넘어 다른 콘셉트의 새로운 가게도 하고 싶고, 가게를 넘어 이런저런 문화 사업도 확장해 나가고 싶다. 내 마음을 공유하고, 다른 이들의 꿈을 알아 가고 싶다.

인터뷰

원부술집 사장 원부연

내 삶은 내가 기획한다

> 대형 광고회사의 기획자(AE·Account Executive)였다. 안
> 정적인 회사를 박차고 나올 만큼 술집을 차리고 싶었나.

마지막으로 다닌 회사가 이노션Innocean이었다. 꽤 인정받는 광고회사다. 한국 대기업 문화는 거의 비슷한 것 같은데, 숙명처럼 받아들여야 하는 업무들이 있다. 지나치게 관료적인 업무 방식은 물론이고, 조직 문화에서 파생되는 군더더기 일을 추가로 해야 한다. 식당 예약 같은 의전에다 보고를 위한 보고가 많다. 일은 많은데 정작 본업에 쓸 수 있는 시간은 전체 업무 시간의 절반 정도였다.

> 대기업 업무라는 것이 늘 창의적일 수는 없지 않은가.
> 어쨌든 성과를 내고 있는 조직의 업무 방식을 무조건
> 부정할 수 있을까.

처음에는 업무 외적인 일에도 나름의 의미가 있다고 생각했다. 잘 해내고 싶었고 잘 해내기도 했는데, 결국엔 버리는 시간이 많다는 생각을 지울 수 없었다. 그러다 보니 사람에 지치고 일에 지쳤다. 내가 주도적으로 할 수 있는 일을 찾아야겠다

고 고민하다가, 술 좋아하고 사람 만나기를 좋아하는 내 성격을 살려서 술집을 여는 쪽으로 마음이 움직였다. 술집에 온전한 내 공간을 만들어 보자는 생각이었다.

<u>안정적인 삶에 대한 동경이나 미련은 없었나.</u>

회사를 다닐 때는 승진이나 프로젝트 성사 같은 눈앞에 닥친 목표가 분명했다. 그래서 구체적인 목표를 설정하고 쉼 없이 다녔는데, 그러다 문득 회사를 그만두면 밖에 나가서 뭘 잘할 수 있을지 고민하게 됐다. 30대로 들어서면서 '나는 누구인가'를 고민하게 되는 시점이 왔다.

<u>어쨌든 남들은 들어가고 싶어 안달 내는 직장인데, 아깝지 않았나.</u>

솔직히 큰 광고회사 들어가기 힘든 것은 사실이다. 광고업이라는 전체 시장에서 1년에 새로 뽑는 직원 수가 100명 정도라고 하더라. 누군가에게는 꿈의 직장인데 아깝다는 이야기를 많이 들었다. 그런데 회사 안에서는 내가 조직을 나가서 다른 무언가를 할 수 있는 에너지를 가졌다는 것을 부러워하는 사람도 꽤 많았다.

<u>가족들의 반대는 없었나. 안정적인 직장을 박차고 나오는 것에 대해 부모님이 반대하진 않으시던가.</u>

걱정이야 당연했다. 그런데 우리 집은 할아버지 때부터 사업을 했기 때문에 내가 사업을 하는 것에 대체로 찬성하는 편이었다. 어른들이 '젊을 때 뭔가 해보는 것은 중요하다. 할 수 있는 일이면 조금이라도 젊었을 때 하라'는 조언도 해주셨다.

<u>여러 가지 창업 형태 중에 왜 하필 술집이었나.</u>

그냥 술집을 하고 싶었다. 정말 그냥. 일단 내가 술을 좋아하고, 그러다 보니 내 또래 사람들하고 술 마시는 공간을 만들었으면 좋겠다는 것이 이유였다.

<u>회사를 관두겠다는 것과 술집을 차리고 싶다는 생각을 실제 행동으로 옮기게 된 결정적 계기가 있었나.</u>

대학 다닐 때 연극 동아리를 했었는데, 동아리 단골 술집 중에 '아름다운 시절'이라는 술집이 있었다. 아주머니 두 분이 운영하던 가게인데, 그분들이 어느 날 너무 힘들어서 가게를 접고 제주도로 내려간다고 하더라. 이야기를 듣는 순간 '이

가게를 인수해야 하나?'라는 생각이 떠올랐다. 그때가 회사 생활을 8년쯤 했을 때다. 자영업을 한다는 것은 고정적인 월급이라는 단물을 포기하는 것인데, 술집 운영이 과연 어느 정도의 수입을 보장할지 생각하지 않을 수 없었다. 술집 운영이 내 인생에서 정말 의미가 있을지에 대해서도 많이 고민했다. 그래서 일단 인수하되, 회사 일과 겸업을 하는 것으로 결론을 내렸다. 술 좋아하는 사람이 술집 하면 망한다는 이야기도 있으니 일단은 회사를 그만두지 말고 한번 테스트를 해보자고 생각한 것이다. 해보고 잘 안 되면 소중한 경험을 했다 치고 술집 운영이라는 꿈은 영원히 접고, 잘되면 새로운 길이 나타날 것이라고 생각했다.

<u>그런데 결과가 좋았던 모양이다.</u>

회사 생활을 접어도 되겠다는 마음을 먹을 정도로 '아름다운 시절' 운영이 잘됐다. (웃음) 그래서 작정하고 원부술집을 차리게 됐다. 회사도 그만뒀다. 인생 2라운드를 완전히 새로 시작한 거다.

가게의 콘셉트는 어떻게 구상했나. 가게 이름이나 본인 얼굴을 그려 놓은 간판이 꽤 직설적이다.

내 이름이 원부연인데, 원부술집의 '원부'는 날 지칭하기도 하지만 '원 없이 부어라'라는 뜻도 있다. 가게를 운영할 때 내가 좋아서 하는 것과 돈을 벌기 위해 하는 것의 관점은 완전히 다르다. 원부술집은 내가 좋아하는 방식으로 차린 가게다. 내 캐릭터가 그대로 담겨 있는 가게다. 원부술집은 원부가 있어야 빛이 난다. 나를 앞세워서 하는 가게니까 이름도, 간판도 내가 들어 있지 않으면 의미가 없다.

원부술집의 간판에 그려진 원부연 사장의 얼굴

<u>단순히 주인의 취향 말고, 수익성을 고려한 마케팅 포인트는 없었나.</u>

당연히 손님을 모으기 위한 방법과 콘셉트도 구상했다. 여러 가지 구상을 많이 해봤는데, 결국 핵심은 '젊은 술꾼들이 어울리며 편하게 술 마실 수 있는 공간'을 만드는 것이었다. 술꾼들 마음이라는 것이, 편하게 갈 수 있는 곳을 선호하기 마련이다. 일단 그게 충족이 된 다음 이왕이면 분위기도 좋고, 음식도 맛있으면 더 좋고, 그런 식이다. 맛집을 찾아갈 때 음식 맛이 최우선 고려 사항인 것과는 좀 차이가 있다. 친구네 집처럼 편한 공간에 술을 좋아하는 내 캐릭터가 드러나는 가게였으면 좋겠다고 생각했다. 앉은자리에서 1~3차까지 다 소화할 수 있는 가게를 만들어 보자는 생각도 했다.

<u>가게 콘셉트는 전적으로 혼자서 결정했나.</u>

기본적인 방향은 내가 정했지만 주변에도 조언을 많이 구했다. 안주 구성은 술 좋아하는 직장인들에게 힌트를 많이 얻었고, 인테리어는 관련 업계에 종사하는 친구들에게 조언을 구했다. 조명 크기나 벽의 색상 같은 세세한 것까지 의견을 나눴다. 나를 잘 아는 지인들이 내 성향과 가게 콘셉트를 고려해

서 구상 단계부터 조언해 주면서 같이 만드는 과정이 있었다.

<u>원부술집 주변 상권이 번화하진 않은 것 같다. 가게 위치를 굳이 여기로 고른 특별한 이유가 있나.</u>

2014년 7월에 오픈했는데, 그때 MBC, JTBC 등 방송국들이 상암동 미디어시티로 이전하고 있었다. 개인적으로 부동산에 관심이 많아서 두루두루 땅 보러 다니다가 여기로 결정했다. 개발 중인 동네니까 성장 가능성도 있고 이 동네 건물들이 대부분 재건축이 끝나서 깨끗하다는 이유도 있었다. 사실 상암동이라는 장소 자체로 보면 당시에도 비용이 싸다고 할 순 없었지만 다른 조건이 비용을 상쇄해서 계약하게 됐다.

프랜차이즈 가게가 몰려 있는 큰 건물에 들어가는 것보다는 골목 안으로 좀 숨는 게 낫다고 생각하기도 했다. 이 골목에 있는 가게들의 주 고객은 '제 발로 찾아오는 손님'이다. 이 골목 상권의 특성이기도 한데, 일단 자리를 잘 잡으면 매출을 안정적으로 가져가는 데 좋은 영향을 미칠 것이라고 생각했다.

<u>지금까지 매출이나 운영에 큰 문제는 없었나.</u>

정산할 때마다 한 번도 손해는 안 볼 정도로 장사는 잘됐다.

가게 시작할 땐 전 직장 월급을 빨리 뛰어넘겠다고 의욕적으로 덤볐는데, 이런 가게를 운영하다 보면 돈 욕심을 살짝 내려놓을 필요가 있긴 하더라. 근 몇 년간 자영업도 불경기인데 지금까지는 나름 꽤 잘해 왔다고 생각한다.

<u>원부술집의 성공 요인은 뭘까. 가게를 운영할 때 세워야 할 전략의 핵심이 무엇이라고 생각하나.</u>

기획력과 철학이라고 생각한다. 주인장의 철학이 확고하고 기획이 좋으면 장소는 두 번째 문제인 것 같다. 어떤 장사든 되는 곳과 안되는 곳은 위치 못지않게 주인장의 철학이나 기획력에서 뚜렷한 차이가 난다. 상권만 따져 보고 주인장에게 익숙하지 않은 곳에 자리를 잡거나 특색 없는 콘셉트로 밀어붙이기만 하는, 다시 말해 그 가게만의 특장점이 없으면 오래 가지 못하는 것 같다.

<u>그렇다면 원부술집의 특장점은 뭐라고 할 수 있을까.</u>

자연스럽다는 것. 나는 원부술집이 이 동네에 어울리게 콘셉트를 잘 잡아서 꽤 오래 버티고 있는 것이라고 생각한다. 술집이라는 것은 사람 많은 곳에 화려하고 크게만 들어간다고 성

공하는 것이 아니다. 과유불급이라는 것이 술집에도 똑같이 적용되는 말인데, 새로 생긴 술집들을 보면 콘셉트가 과해서 동네 분위기와 맞지 않거나 모호한 곳도 많다. "저 집이 왜 저기 있지?"라는 말이 나오게 만드는 술집은 그 동네와 어울리지 못한 것이라고 생각한다.

술에 대한 나름의 철학이 있나.

없으면 이런 가게 못 한다. 술은 사람과 이야기하게 되는 통로다. 술 없으면 조용한 사람들이 한두 잔 먹으면 말문이 트이기 시작하지 않나. 모르는 사람끼리도 이야기를 하게 되고, 그렇게 사람을 연결해 주는 수단이 술이다. 술잔을 부딪치는 행위나 건배사를 외치는 것도 사람을 가까워지게 하는 것 같다.

술이 좋은 건가, 술자리가 좋은 건가.

술이 먼저냐 술자리가 먼저냐⋯⋯ 사실 잘 모르겠다. 연극 동아리 할 때 주로 술 먹으면서 사람들하고 친해졌다. 그냥 부어라 마셔라 하는 것은 아니고, 굳이 표현하자면 80년대나 90년대 대학 문화 같은 것이 남아 있었다. 민중가요 같은 노래도 부르고, 연극, 사회에 대해서 진지하게 토론하고, 사람 이야기로 밤새고 그런 것들. 2000년대 이후 학번인 내 또래들 사이에서 호응을 받던 문화는 아닌데, 동아리의 연령층이 다양하다 보니 그런 문화도 접할 수 있었던 것 같다.

<u>술 자체로서의 가치보다 소통 수단으로서의 가치가 더 높다고 보는 건가.</u>

그 자체로도 물론 맛있기는 하지. 이미 20대에 술에 대한 확고한 취향이 생길 만큼 많이 먹긴 했다. 다만 1인 술집을 운영하는 주인의 입장에서는 소통 수단으로서의 가치에 더 무게를 둔다는 뜻이다.

<u>무슨 술을 제일 좋아하나.</u>

역시 가장 자주, 많이 마시는 것은 소주다. 와인이나 위스키도 가리지 않지만 맥주는 잘 못 마신다. 내가 탄산에 약해서 그런지 맥주를 마시면 자꾸 어지러운 듯도 하고. 맥주 맛이 특별하지 않다고 생각해서 그런 건지도 모르겠다. 요즘 유행하는 크래프트 비어는 조금 마시긴 하는데 역시 한 잔 이상은 무리다.

<u>장사를 하다 보면 술에 대한 애정이 식을 것 같다.</u>

솔직히 식을 수밖에 없긴 하다. 일이니까 어쩔 수 없는 부분은 당연히 있다. 처음 술집을 시작할 때와 같은 에너지나 순수한 느낌들이 사라지는 것은 사실이다. 다만 여전히 애정이 더 크기 때문에 장사를 접을 마음은 조금도 없다. 회사라는 큰 조직은 내 운신의 폭이 자유롭지 못하지만 여긴 오로지 내 의지와 결정에 따라 변화하고 성장하는 공간인데 얼마나 좋은가.

원부술집의 내부. 손님들이 서로 어울릴 수 있도록 오픈된 공간으로 설계됐다.

기획자의 공간, 독립술집

<u>사실 돈을 생각하면 술집 창업은 정답은 아닐 수도 있다. 평범한 직장인과 달리 밤에 일해야 하는 생활 패턴도 힘들 텐데.</u>

사실 처음에는 꼭 술집이라기보다 어떤 공간에 내 브랜드를 입히는 작업을 하고 싶었다. 내가 좋아하는 술과 사람, 콘텐츠를 묶는 공간을 만들고 싶었다. 실제로 원부술집을 운영하면서 그런 방향으로 테스트를 해봤다. '월간 윤종신'을 카피해서 '월간 상암동'이라고 이름 붙이고 주기적으로 행사를 진행했다. 한 달에 한 번 초청 강연을 열거나, 전시나 파티도 진행하는 식으로. 하지만 공간이 필요한 콘텐츠는 공간의 분위기나 본질과 연결성이 있어야 시너지 효과가 발생하지, 그렇지 않으면 의미가 없는 나열과 같다는 결론을 내렸다. 그래서 일단 특징이 분명한 각각의 공간들이 많아지고, 나중에 그 공간들이 서로 시너지 효과를 내는 방향으로 가는 게 더 좋겠다는 생각이 들었다. 그래서 원부술집은 일단 술집의 기능을 충실히 하는 데 집중했다.

다른 공간들은 어떻게 구상하고 있나.

술 자체에 더 집중할 수 있는 '모어댄위스키'를 신촌에, 문학을 베이스로 한 '하루키 술집'을 경의선 숲길에 오픈했고, 신촌에 '신촌극장'이라는 복합 문화 공간도 만들었다. 원부술집에서 하고 싶었던 것들을 조금씩 나눠서 특징이 있는 개별 공간을 새로 만들었다. 지금은 그 공간들이 어떻게 시너지를 낼 수 있을지 고민하는 중이다. 또 '팝업술집 프로젝트'라고 해서 곧 문을 닫거나 폐업을 고민 중인 술집 혹은 공간에 지역과 트렌드에 적합한 새로운 술집을 꾸미는 작업도 진행하고 있다.

신촌극장은 어떻게 운영되는 건가.

연극, 무용, 전시 등 예술부터 세미나, 강좌까지 다양하게 할 수 있는 공간이다. 젊은 사람들이 누릴 수 있는 오프라인 콘텐츠가 사라지는 것 같아 개인적인 아쉬움이 있다. 내가 학생일 때 경험할 수 있었던 클래식한 문화 공간에 대한 향수도 있고, 그걸 내 학창 시절의 대부분을 보낸 곳인 신촌에 부활시키고 싶었다. 언젠가부터 치킨 골목, '부어라 마셔라'식 술집 골목이 되어 버린 듯한 신촌이 안타까웠다. 예전에는 감성 술집이 많았는데, 젠트리피케이션(gentrification·구도심이 활성화되면서 원주민이 쫓겨나는 현상)이 발생하면서 원래 있던 사람들이 떠난 공간은 프랜차이즈로 채워졌다. 그러다 최근에 사람들이 다시 예전의 감성을 찾는 것 같다. 신촌에 돌아오고, 여기서 뭔가 기획을 하려는 것은 그 감성을 제대로 깨워 주고 싶어서다. 사실 돈 생각하면 이런 기획은 어렵지만 공간과 사람을 위해서 하는 거니까 적자가 나지 않는 차원에서 공간과 사람을 지속적으로 연결하고 싶은 생각이 있다.

<u>신촌에 대한 애착이 유독 큰 이유는 역시 20대를 보낸 곳이기 때문인가. 다른 이유는 없나.</u>

나를 찾아가는 과정을 겪은 곳이니까. 대학교 다니고 동아리도 하면서 사람들을 만나고 새로운 경험을 했고 기회도 얻었다. 내 미래를 구상하는 데 많은 영향을 받았으니 신촌은 제2의 정체성을 찾은 공간이었다고 할 수 있다. 어떤 방식으로든 궁극적으로는 신촌에 돌아가고 싶다. 신촌은 혼자 사는 사람들이 많고 젊은 사람들의 비중이 높은 동네인데 그 사람들이 술 마시러 갈 적당한 가게가 없어지고 있다. 그래서 혼자 가서 편하게, 좋은 술을 부담 없이 먹을 수 있는 곳을 만들고 싶었다. 신촌의 특색 있는 감성을 다시 구현해 보고 싶었던 셈이다. 신촌극장과 연계할 수 있는 여러 기획을 구상 중이다.

<u>이야기를 들어보면 단순히 괜찮은 술집의 주인이 되는 것이 목표는 아닌 것 같다. 본인이 꿈꾸는 직업의 이름은 뭐라고 말할 수 있을까.</u>

해외여행 갈 때 입국신고서에 직업 적는 칸이 있지 않나. 난 그게 참 어렵다. (웃음) 내가 장사꾼인가? 그냥 CEO라고 적기는 하는데, 성에 차진 않는다. 기획자? 기획자라는 단어가 맞는지 모르겠는데, 그런 느낌으로 여러 구상을 하고 있는 상태다.

<u>기획자라는 말 괜찮은 것 같다.</u>

나는 뭐든 기획하는 것을 좋아하니까. 술집이나 다른 가게를 하는 것도 결국 기획에서 출발하는 것 아닌가. 기획을 좋아하고 문화 관련 콘텐츠를 만들고 싶어서 신촌극장도 꾸미고 뭐 그러고 있다.

<u>술이 기획자가 되기 위한 수단이라면 술집은 기획자가 되기 위한 베이스캠프 같은 공간이라고 할 수 있겠다.</u>

그런 면이 있다. 수단이라는 말이 부정적으로 들릴 수도 있는데, 좋은 결과를 내기 위한 수단이라는 것도 있지 않은가. 또

막상 일이 되고 직업이 되니까 그런 관점으로 봐야 하는 측면이 있는 것 역시 사실이다.

원부술집에 오는 손님들은 주로 어떤 사람들인가.

상암 디지털미디어시티 근처다 보니 주로 30~40대의 젊은, 술 좋아하는 기자들이 많다. 아니면 놀기 좋아하는 대기업 직장인. 역시 주로 젊은 사람들이다. 또는 "나 이런 데 알아" 이러면서 후배들한테 잘 보이고 싶어 하는 부장님들. 손석희 JTBC 사장님도 단골손님이다. 직원들과 함께 종종 오신다. 가끔 인터넷에서 찾아보고 분위기가 좋다고 오는 커플도 있다. 대체로 손님들은 원부술집이 어떤 곳인지 대충은 알고 온다. 지나가다 우연히 들어오는 경우는 잘 없다. 단체로 오면 일행 중 한 명이 가게에 대해서 알아서 잘 설명해 준다. 공간이나 나와의 관계, 뭐 그런 주제로 서로 커뮤니케이션할 수 있는 분들이 오는 가게라고 할 수 있겠다.

본인이 원하는 손님은 어떤 타입인가.

일부러 우리 가게에 찾아 와서 즐겁게 술 마시는 사람들. 즐겁게 대화할 수 있는 사람들 만나는 것이 좋지. 우리 가게 분위기나 메뉴도 그렇고 사람들과 잘 어울리는 내 성격이나 캐릭터도 그렇고.

<u>원부술집이 지향하는 궁극적인 술집의 형태는 뭔가. 아니면 롤모델이 있다거나.</u>

유럽이나 일본에는 주택가에 살롱 같은 공간을 작게 만들어 운영하는 사람들이 있다. 공간을 매개로 사람들이 아주 밀접한 관계를 맺는다. 한국에는 살롱 문화라는 것이 아직 없으니까 그런 분위기의 공간을 만드는 게 목표다.

<u>가게의 콘셉트나, 찾아오는 손님들의 특징이 뚜렷한 것을 보면 어느 정도 살롱의 역할을 하고 있는 것 같다.</u>

그렇게 봐주면 좋겠다. 'You are what you eat'라는 말이 있는데, 우리 손님들에게 적용한다면 'You are where you drink'쯤 되지 않을까. 원부술집의 손님들도 어디서 술을 마시는지를 중요하게 생각하는 사람들인 것 같다. 자신의 기호에 맞는 술과 공간으로 자신을 드러내고 서로의 스토리를 공유하는 사람들.

<u>본인이 말하는 기획자란 결국 새로운 트렌드를 만드는 사람인가.</u>

그럴 수 있으면 좋겠다. 일단 지금 하는 일들은 재미있다. 내가 회사만 다녔으면 이렇게 회사 밖에서 만날 수 있는 다양한 사람들을 못 만나는 것은 물론 터놓고 이야기를 나눌 수도 없었겠지. 광고회사에서 일로 엮여서 만난 사람들은 완전히 다른 관계인 거니까.

독립술집의 미래, 원부의 미래

<u>퇴사를 후회한 적은 없었나.</u>

없었다. 그런데 팀 회식 같은 것은 가끔 좀 그립다. 팀원들끼리 힘겨운 프로젝트 끝내고 다 같이 의기투합했던 시간들은 좀 그립다. 기쁨과 희열 같은 감정을 함께 나누는 행위. 혼자 술집을 운영하는 상황에서는 그럴 수 없을 테니까. 또 어쨌든 대표자로서 뭔가를 운영한다는 것은 직원의 마음과는 완전히 다를 수밖에 없다.

<u>그렇다면 안정적인 직장인 생활로 돌아가고 싶은 마음이 조금은 있다는 건가.</u>

아니, 그렇진 않다. 전혀 아니야. (웃음) 술집을 시작한 것을 후회한 적은 한 번도 없다. 이게 나한테 더 편한 삶의 방식인 것 같다.

<u>사장과 월급쟁이의 가장 큰 차이가 뭐라고 생각하나.</u>

회사라는 조직에는 위계질서가 있다. 결재 라인 따라 올라가면서 책임지는 구조다. 결과적으로는 내가 했던 행동들에 대해 책임을 져줄 사람들이 있다는 뜻이다. 그런데 여기는 잘못하면 다 내 책임이다. 그 잘못 하나에 직원은 물론이고 나의 모든 것들이 달라질 수 있다. 그게 가장 큰 차이다. 그 책임감이 생각보다 막중하더라. 회사에 다닐 때는 무슨 일이 있을 때 남 탓, 회사 탓을 하면 됐는데 여기서는 다 내 탓이다. 가게를 운영하려면 그런 부분을 분명하게 인식할 필요가 있는 것 같다.

<u>책임감이 강해도 망하는 사람들이 있다. 주로 어떤 문제 때문이라고 생각하나.</u>

제일 걱정스러운 부류가 생각이 허황된 사람들이다. 잘되는

가게들만 보러 다니면서 희망에만 차 있고 위기에 대한 본인 나름대로의 대책은 없는 부류다. 그런 사람을 만나면 조금만 더 생각해 보라고 창업을 말린다.

예를 들어 카페를 열겠다면서 '커피 한 잔의 원가는 몇 백 원이니까 월세랑 뭐랑 따져서……'라는 식으로 단순 계산만 열심히 하는 사람들이 있다. 커피라는 음료를 몇 잔 팔기 위해서 필요한 다른 노력들은 생각하지 않는 거다. 자영업을 하려면 같은 업종의 다른 가게에서 한번 일을 해보는 게 정말 중요하다.

<u>원부술집을 프랜차이즈로 키워볼 생각은 없나.</u>

별로 관심이 없다. 아까도 말했지만 원부술집에는 원부가 있어야 한다. 그리고 프랜차이즈를 할 거면 애초에 이렇게 안 했다. 공간과 사람을 생각하면서 가게를 기획하고 운영하다 보면 프랜차이즈를 하려고 해도 안 된다. 여긴 나 없으면 안 되는 술집인데 확장할 필요도, 그럴 수도 없다.

<u>수입이 나쁘지 않은가 보다.</u>

원부술집 하나만 놓고 이야기를 해보자. 순수한 벌이로 놓고 보면 회사 다닐 때와 큰 차이는 없다. 회사가 주는 복지 혜택

까지 포함해서 계산해도 그렇다. 활동 시간과 쉬는 날이 달라지니까 소비 패턴도 달라져서 단순 비교는 어렵지만, 사실 이런 공간을 하나 운영하면서 금전적으로 큰 수입을 얻기는 쉽지 않다. 그래서 원부술집 말고 다른 공간들을 기획할 때는 확장성이나 사업성도 고려했다.

<u>지금까지 해온 방식을 주변에 권할 수 있나.</u>

나는 창업 관련 문의가 오면 장점과 단점을 솔직하게 말해 준다. 회사 그만두고 가게를 열면 처음에는 모든 것이 다 좋다. 그러다 2년 넘어가면 고비가 온다. 수입도 들쑥날쑥해지고, 사람 대하는 것도 힘들어지고. 그러다 보면 쉽게 '영업 마인드'가 발휘되는데, 내 경우엔 그게 기분이 아주 좋지만은 않았다. 손님들을 돈 내는 존재로만 여기게 되는 상황이 기분 좋은 일이 아니니까. 그래서 희망에 차서 창업을 문의하는 분들에게 이런 부분에 대해 분명하게 말해 준다. 쉽게 말하면 열 평짜리 가게는 열 평짜리 가게일 뿐 여기서 대박 나고 뭐가 빵 터지지는 않는다는 것을 분명하게 인식해야 한다는 뜻이다. 당연히 응원은 해주더라도 아주 현실적인 조언을 해주는 거지. 그런데 본인 생각이나 신념이 확고한 사람은 직선으로 가든 곡선으로 가든 자기 속도에 맞춰서 알아서 잘 가더라.

고비는 없었나. 있었다면 어떻게 극복했나.

처음 문 열었을 때는 손님들이 바글바글하고 웨이팅도 있고 그래서 하루에 테이블을 두 번 돌릴 수 있었다. 그러다 초반의 거품이 좀 빠지면서, 적자가 나진 않았지만 위기감이 오는 순간이 있었다. 그래서 내 나름대로 작은 쇄신을 했다. 손님이 줄어드니까 메뉴를 개편해서 객단가를 높이는 전략을 세우거나 하는 식이었다. 그렇다고 드라마틱하게 뭘 바꿀 수는 없었고 아주 작은 조정을 지속적으로 적용했다. 그랬더니 다시 좀 매출이 맞춰지긴 했다. 사실 매출이 좀 떨어졌을 때는 부업도 했다. 광고 회사 다녔던 경력을 살려서 기획서 써주는 일 같은 걸 했다. 돈이 없어서가 아니라 매출이 떨어지는 데서 오는 스트레스를 풀어야겠다는 생각이 들어서 그랬다.

독립술집들이 지속 가능성을 확보하는 방안은 뭘까.

내 주변에 나와 비슷한 형태로 술집을 운영하는 사람들을 보면 장사 말고도 다른 재주가 많고, 또 하고 싶은 것도 많은 사람들이 대부분이다. 그래서 장소라는 개념으로만 보면 지금 이 원부술집이 이 자리에서 언제까지 존재할지는 모르는 일이다. 그래서 중요한 것이 기획이라는 것이다. 지금 이 공간에만 집착해서 금전적 손익만 따지고 있으면 지속 가능성이 떨어질 수밖에 없을 것 같다. 내가 처음 이 공간을 만들게 된 이유, 그때 꿈꿨던 것을 다른 형태로 또 어떻게 확장할 수 있을지에 대해 많은 고민을 하고, 또 실패와 성공을 반복하면서 실행하는 것에서 독립술집의 지속 가능성을 찾을 수 있을 것 같다.

<u>술집이나 카페 등 자신의 공간을 만들고 싶다는 꿈을 가지고도 실행하지 못하는 사람들이 있다.</u>

이건 딱 잘라서 말할 수 있다. 실행하고 안 하고의 차이일 뿐이다. 생각이나 목표를 실행하는 것과 안 하는 것의 차이다. 그런 차이가 70퍼센트 이상이고 나머지는 뭐 성격 차이겠지. 환경의 차이도 있을 수밖에 없겠지만 어쨌든 실제로 실행을 한다는 것, 그게 중요하다.

<u>앞으로 무엇을 하고 싶나.</u>

아직 뭐라고 말할 단계는 아니지만, 어쨌든 나는 술과 낭만, 그런 것들을 끌어내는 일을 계속하고 싶다.

안상현은 경리단길에서 한국술을 판다. 한국술을 재정의하고, 취향의 공동체를 구성해 우리 세대를 아우를 수 있는 '멋있는 것'을 창조하는 것이 목표다. '한국술집 안씨막걸리'는 창업 3년 만인 2017년 11월 《미쉐린 가이드 2018 서울 편》에 이름을 올렸다. 그리고 안상현은 아직 안주할 생각이 없다.

2 경리단길 한국술집 안씨막걸리 ; 우리 술, 우리 방식

나는 왜 이 술집을 차렸나

안씨막걸리 사장
안상현이 썼다.

은퇴 생활을 젊은 나이에 경험해 볼 수 있는 시대다. 30~40년 전 우리 부모님 세대는 대학 4년을 꼬박 다녀서 졸업하고, 취직한 다음에는 정년퇴직 때까지 30년 근속을 하지 않으면 무슨 큰일이라도 나는 것처럼 생각했다는데, 요즘은 오히려 휴학 한 번 안 하고 이직 서너 번 안 하면 특이한 사람 취급받는 세상이 되었다.

시간을 낭비하는 사치를 만끽하기에 가장 좋은 공간은 술집이다. 나의 경우엔 마라톤 풀코스를 100미터 달리기하듯 전력 질주한 20대의 막바지였던 2012년이 사치를 만끽했던 시기다. 대학 졸업 후 보스턴컨설팅그룹 컨설턴트를 거쳐 티켓몬스터에서 전략기획실장을 하고 있던 때에 민주당에서 국회의원 선거에 출마해 보면 어떻겠냐는 제의가 왔다. 나름대로는 대의명분을 위해 정치를 하겠다고 나섰으나 몇 달간의 우여곡절 끝에 직장도 잃고 끈 떨어진 정치 백수가 되고 말았다.

흔히 '여의도 낭인'이라고 불리는 정치 한량은 음주를 주업으로 삼았다. 20대 내내 분 단위로 시간을 쪼개어 살았으니 몇 년 정도는 실컷 시간 낭비를 해보자 싶었다. 점심 땐 국회 출입 기자들과 술 마시고, 저녁엔 정치인들과 술 마시고, 밤에는 유권자들과 술 마시는 생활을 730일 정도 했다.

정치인을 가장한 백수 생활 동안 나는 그 어떤 생산적인 활동도 하지 않고 약속도 잡지 않으며 그냥 매 순간 눈앞에 있는 사람을 흠뻑 느꼈다. 정치는 인간이 신을 대신해 인간의 일을 결정하는 일이라고 하면서, 온갖 술집에서 온갖 사람들과 온갖 이야기들을 나누다 보면 인간을 깊이 이해하게 되고 정치를 잘할 수 있게 될 줄 알았다. 그런데 술잔이 쌓여 가도 인간에 대한 공부는 늘지 않고 오히려 까마득하게 멀어지는 듯이 느껴졌다. 반면 술에 대해선 싱글 몰트 위스키, 크래프트 비어, 와인, 사케 등 주종 가리지 않고 꽤 전문적인 지식을 습득하게 되었다.

정치를 계속하기 위해 필요한 현실적인 깨달음도 두 가지 얻었다. 생계유지 방편과 자신만의 상징을 만들어야 한다는 것. 서른이 다 되어 다시 의대나 법대를 갈 수도 없는 노릇이니, 독립적으로 생계를 유지하면서도 시간을 자유롭게 쓰려면 자영업밖에 선택지가 없었다. 주어진 힘든 상황을 극복하기만 하면 되는 것이라면, 나는 지옥에서라도 살아 나올 자신이 있었다. 하지만 고유한 나만의 것을 창조해 내는 것은 대체 어떻게 해야 할지 감이 잡히지 않았다. 2013년 7월 18일, 가재도구를 바리바리 싸들고 도망치듯 경기도 양평군 용문면의 다문리라는 곳으로 내려갔다.

친구들이 오는 날은 읍내에 나가서 포식을 했다. 아직 오일장이 남아 있는지 몰랐는데, 용문에는 마침 장이 크게 서서 친구들과 족발이며 국밥이며 능이 솥밥 같은 음식을 먹을 수 있었다. 그러다가 용문 오일장의 족발 집에서 우연히 동네 할머니가 빚은 수제 막걸리를 만나게 되었다. 당시 서울엔 크래프트 비어가 한창 유행이었는데, 내가 먹은 수제 막걸리는 크래프트 비어보다 더 맛있을 뿐만 아니라 감성도 끝내줬다.

이렇게 멋진 정취를 그동안 모르고 왜 외국 것만 찾아왔나 반성했다. 이건 나뿐만 아니라 우리가 극복해야 할 부분이라고 느꼈다. 지난 수십 년간 해외의 선진 문물을 후발 주자 입장에서 베끼기만 했지, 스스로 뭔가를 만들어 본 경험이 없다는 것. 이것이 한국술 전문점인 한국술집 안씨막걸리를 시작하게 된 이유다. 우리는 19세기 파리의 낭만, 20세기 뉴욕의 감성을 이야기하며 남을 부러워하기만 한다. 나는 한국술집을 통해 100년 뒤 '모든 멋짐의 상징'과 같은 사람이 되고 싶다.

인터뷰
안씨막걸리 사장 안상현

한국술을 재정의하다

경리단길이라는 가게 위치만큼이나, 구조나 인테리어도 인상적이다. 어떤 콘셉트인가.

원래 여기는 미용실이었다. 가게를 인수할 때 미용실 사장님이 몇 개월만 더 장사를 하고 싶다고 해서 낮에는 미용실로, 저녁에는 술집으로 운영하던 때도 있었다. 그 이후 가게 인테리어는 우리(안상현과 주방장, 홀 담당)가 직접 아이디어를 내고 손을 댔다. 지인 중에 설치미술 작가들하고 구상 단계부터 같이 작업하고, 전체 워크숍을 통해 콘셉트를 확정했다.

우리는 사대주의, 국수주의, 이색주의를 안 하겠다고 했다. 먼저 사대주의라는 것은 남이 창조한 멋있는 것을 대충 따라 하는 방식이다. 근본도 없이 흉내만 낸 어떤 것들이 난무하는 거다. 그런데 문화적 사대주의를 너무 배제하려다 반대로 지나친 국수주의로 빠지는 경우도 있다. '국뽕'이라는 거다. 그래서 두 개를 다 안하려다 보면 이색주의로 빠질 수 있다. 어떤 특이한 형태 내지는 형식미를 통해 사람들에게 가게를 인지시키려고 하니 그렇게 된다.

문제는 이른바 '힙스터 플레이스'가 되면 그 가게는 오래 못 간다는 거다. 힙스터라는 말 자체가 매우 트렌디하다는 건데 트렌드는 빠르게 바뀌는 거니까. 그래서 우리는 튀지 않아야 겠다고 생각했다. 우리 가게는 밖에서 보면 그냥 가정집 같지 않은가. 자세히 보지 않으면 내부 인테리어도 그냥 평범한 공간일 뿐이다.

안씨막걸리는 경리단길에서 한 발짝 비켜난 골목에 있다.

뭐든 과하게 하고 싶지 않다는 뜻으로 해석하면 되는 건가. 그렇다면 안씨막걸리가 추구하는 '주의'는 뭔가.

'주의' 같은 건 없다. 미국에 휘트니 뮤지엄이라는 박물관이 있다. 거기는 100년 전에 미국의 미술가와 교수들이 모여서 미국 미술을 한번 창조해 보자고 만든 박물관이다. 유럽의 이민자들로 미국이라는 나라가 구성되면서 자연스럽게 유럽 미술을 추종하던 흐름이 있었는데, 거기서 벗어나 보자는 거였다. 젊은 미술가들, 미국에서 태어난 미술가들의 현재를 모으는 작업이었다. 이것이 시간이 지나 결국 미국 미술의 전통이 될 것이라는 구상으로 만든 박물관이다. 우리도 이와 비슷한 콘셉트로 젊은 사람들을 모아서 이 공간을 꾸며 보고, 그게 시간이 지나면 어떻게 될지 한번 보자는 것이다.

<u>자연스러움을 추구하는 주의인가.</u>

주의 같은 거 없다니까. 그런 거보다는 우리가 찾아낸 지금 이 시대 작가들의 개성을 모으는 작업이라고 말하고 싶다. 지금 가게 안에 보이는 모든 것을 다 우리 손으로 만들었다. 작은 조명이나 문손잡이까지 전부 발품 팔아 찾은 것들이다.

<u>술집에 작가라는 말은 어색하다. 여기서 작가의 정의는 뭐라고 내릴 수 있나.</u>

이런 일들에 관심을 가지고 재밌어하는, 그리고 자기의 고유성을 가진 사람이 우리에게는 작가다. 음악이나 인테리어도

고유성을 강조하고 싶다. 안씨막걸리는 인디 음악만 틀고, 2호점 성격인 '21세기 서울'은 라이브 디제잉도 한다. 이런 부분을 섬세하게 기획해서 가게만의 고유한 컬러를 만들고 있다.

<u>이 공간은 시간이 지나면서 계속 바뀌게 되나.</u>

안씨막걸리라는 공간은 꽤 안정적으로 한동안 지속될 수 있을 것 같다. 미세한 조정이야 계속 되겠지만. '한국술집'의 2호, 3호점을 기획하면서 계속 새로운 것을 발굴해 적용해 나가는 방향으로 가고 싶다. 안씨막걸리를 베이스캠프 삼아 줄기와 가지를 뻗어 나가는 느낌으로.

<u>왜 술집을 하겠다고 생각했나.</u>

국회의원 되려다가 잘 안 되고, 그래서 술만 마시다 보니까 차라리 술집을 차리는 게 낫겠다 싶었다. 술 퍼마시는 게 좋았다기보다, 마시다 보니 자연스럽게 술 공부를 해버린 거다. 그리고 뭔가 명분을 세울 수 있는 일을 하고 싶었는데, 술 마시다 보니 우리 고유의 술을 세상에 알리고 싶다는 명분이랄까, 그런 마음이 생겼다. 맨날 크래프트 맥주만 마시다가 크래프트 막걸리를 만들자는 생각을 하게 된 거지.

<u>원래 술을 좋아하는 사람이었나. 비즈니스나 인간관계를 술로 풀어 나가는 성격이라거나.</u>

20대 때는 술 자체를 잘 안 먹었다. 그때는 하고 싶은 일이 너무 많았는데 술 마시면 일을 못하니까 안 먹었지. 근데 국회의원 선거에서 떨어지고, 당에서 무슨 자리를 주긴 줬는데 사실상 낭인처럼 지내게 되니까 차라리 제대로 놀자고 생각했다. 당장 할 일이 없기도 했다. 그래서 정치권에 몸담은 2년 동안 매일 술을 마셨다. 진짜로 730일 동안 마셨다. 해가 중천일 때 일어나서 밥 먹고 낮술, 저녁 10시에 다른 술 약속, 새벽에 또 다른 사람들 만나고 뭐 그런 식으로.

<u>흔히 마시지는 않는 전통주를 파는 가게까지 연 계기가 궁금하다. 그저 본인의 취향인가.</u>

한국술이 취향에도 맞긴 하지만, 남들이 몰라주는 괜찮은 것을 제대로 소개하고 싶다는 명분이 있었다. 사실 한국술이 상당히 괜찮거든. 나는 '가성비'라는 단어를 좋아하진 않지만 가격이 비슷한 술 중에서 한국술의 맛이 상당히 괜찮은 편이다. 사람들이 잘 몰라서 그렇지.

<u>사람들이 한국술을 찾지 않는 이유는 뭘까. 한국술에는 비싼 돈을 쓰기 싫어하는데.</u>

사대주의지. 우리 윗세대도 좀 그렇지만 우리 세대는 뭔가 스스로 창조해 본 바가 없다. 우리 세대를 관통하는 '멋있는 것'을 우리의 힘으로 만들지 못했다. 친구들한테 하는 이야기지만 나는 내가 나름 역량 있는 사람이라고 생각하고 산다. 그래서 가장 어려운 일 중 하나에 도전하고 있는 것이고, 이 점이 중요하다고 말하고 싶다. 삼성이라는 기업이 세계적 기업이라고 하지만 스티브 잡스한테는 '카피캣copycat'이라는 비아냥만 듣는다. 현대자동차가 아무리 잘 팔려도 고급차 시장에는 진출하지 못하고 있다. 우리만의 고유성을 개발하고 성장시키지 못했기 때문이다. 지금 우리에게는 우리만의 뭔가를 창조해 내는 경험이 필요하다. 이런 과정을 거치면서 한국만의 문화 콘텐츠를 만들어 보고 싶은 게 내 욕심이다.

<u>'소폭'(소주, 맥주를 섞은 폭탄주) 같은 것은 나름 한국의 술 문화라 할 수 있지 않나.</u>

그건 한국만의 술이라기보다, 옷으로 따지면 스파SPA 브랜드 같은 느낌 아닌가? 지금 우리가 마시는 소주나 맥주는 일단

개발 목적 자체가 저렴하게 술을 소비하기 위해서다. 그 나름의 장점은 있지만 거기에 한국술의 문화가 담겨 있다고 말하기에는 앙상하다. 뭔가 좀 가볍다.

<u>한국술, 또는 한국술집만의 문화를 만들기 위해 적용 중인 나름의 방법은 뭔가.</u>

일단 멋있게 브랜딩을 하는 게 중요하다. 예를 들어서 우리는 '서비스 준다'는 말을 쓰지 않는다. 뭔가 공짜로 나가면 '선물로 드리는 겁니다'라고 말한다. 우습게 들릴 수 있겠지만 그게 우리한테는 나름의 품위를 만드는 작업이다. 우리의 품위와 손님의 품위를 모두 만드는 거다. 그런 방식을 사람들이 자연스럽게 인지하도록 노력하고 있다. 그래서인지 아직은 매니악maniac한 팬들이 가게를 많이 찾는 편이다.

<u>가게에서 내놓는 술의 품질 기준은 뭔가.</u>

인공 감미료를 넣지 않는 술이 기본 조건이다. 전국 곳곳에 좋은 술이 많은데, 정작 그 술을 만드는 사람들은 파는 법을 모르거나 잘 찾지 못하는 경우가 많다. 그 괴리를 내가 채워 주는 마음으로 한국술집을 운영하고 있다.

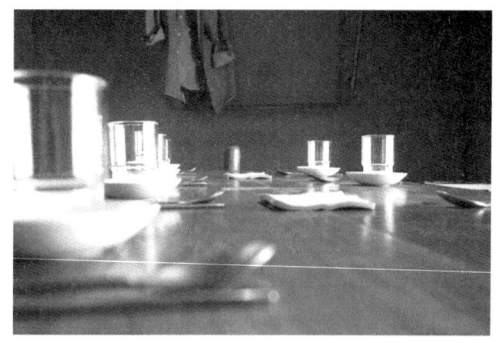
안씨막걸리의 내부. 고급스러운 집기가 먼저 손님을 맞는다.

<u>음식에 많은 공을 들이는 것 같다. 음식에도 고유성이라는 개념을 적용하는 것인가.</u>

우리가 보통의 술집과 가장 차별화되는 부분이 음식이다. 자부심을 가지고 얘기할 수 있는데, 안씨막걸리는 서울의 외식업체 전체를 통틀어서도 음식의 맛과 퀄리티로 인정받는 식당 중의 하나다.《미쉐린 가이드 2018 서울편》에 안씨막걸리가 들어간 것은 우연이 아니고 노력을 인정받은 결과일 뿐이다. 매주 여덟 시간씩 음식 개발만을 위한 회의를 한다. 일단 팔아 치우는 게 중요한 식당과는 고민의 크기가 다르다고 할 수 있다. 매달 하나의 식자재를 정해서 그 식자재에 대한 맛 연구도 집중적으로 한다. 당연히 식자재를 생산하는 사람도

직접 만나 고민을 공유하는 과정이 동반된다.

<u>지금 하는 방식들을 위해 이론적인 공부를 한 적이 있나.</u>

몸으로 배웠다. 여기 처음 시작할 때는 내가 외식 사업에 대해 뭔가 이론적으로 배울 수 있는 상태나 환경이 아니었다. 특히 마시는 것 말고 먹는 것은 완전히 무지했다. 가게 열고 첫해에는 공부 안 하고 장사만 생각하다가 잘 안 돼서 망할 뻔했다. 버둥버둥 버티면서 그제야 나름대로 공부를 시작한 거고 여기까지 왔다.

<u>한국술을 팔려면 꼭 그렇게 '맨땅에 헤딩'해야만 하나.</u>

가게를 열 때 투자자들을 모았다. 뭐 대단한 투자라고 할 순 없어도 나를 믿고 투자해 준 사람들이었기 때문에 실패할 수 없었다. 고유성을 찾고, 그것을 성공시키고자 하는 고민을 지속하는 이유다. 내가 제일 혐오하는 게, 밑도 끝도 없이 '20세기 유럽 감성' 같은 수사를 쓰는 거다. 광고할 때 덮어 놓고 외국인 모델을 쓰는 것도 마찬가지다. 그게 다 문화적 사대주의다. 우리 가게에서 셰프 대신 주방장, 요리사라고 하고, 홀 매니저 대신 객장 책임자라고 부르는 것이 유난 떠는 걸로 보

일 수도 있겠지만, 그런 식으로 우리의 고유성에 대한 집착을 가져가려고 한다. 그러려면 어느 정도 맨땅에 헤딩하는 자세도 필요하겠지.

고유성을 찾아야겠다고 마음먹은 계기는 뭔가.

대학에서 경영학을 전공했는데 맨날 배우는 거라고는 외국 사례밖에 없었다. 우리도 마트 업계가 꽤 컸는데 여전히 대학에서는 20년 전 월마트의 성공 사례를 배운다. 대학 졸업하고 나름 좋은 외국계 회사를 갔고, 여기서 잘 성장하면 한국 경제에 중요한 역할을 할 수 있을 것이라고 생각했다. 그런데 아니더라. 맨날 외국인들이 와서 피상적으로 한국 경제를 진단하는 거나 뒷바라지해 주는 게 주 업무였다.

비약이라고 할 수도 있겠지만 주체성을 갖고 싶었다. 내 경험이 꼭 그랬다는 게 아니지만 뭔가 비굴해지는 느낌이 정말 싫었다. 그래서 뭘 해야 하나 고민하다 나와서 티켓몬스터에서 임원이라는 명함을 팠는데, 다시 외국계 회사에 인수되면서 결국 아무런 의사 결정권이 없는 허수아비 임원이 됐다. 이것도 안 되겠다 싶었다. 어떤 분야라도 자신의 오리지널 콘텐츠를 만드는 게 중요하다는 게 내 신념이다. 그냥 '잘하는 것'보다 더 중요한 의미가 있다고 생각한다.

<u>지나칠 만큼 섬세하거나 작은 부분에 집착하는 성격 같다. 그런 성격이 이 일에 도움이 되나.</u>

그게 아주 중요한데, '구린 것'을 안 하는 것이 제일 중요하다고 생각한다. 베끼면 쉽게 따라갈 수 있는 게 많다. 난 차라리 없이 지내면 없이 지내지, 구린 건 안 한다. 못 한다. 그게 집착이라면 집착이고 섬세하다면 섬세한 거고.

취향의 공동체

<u>술이라는 것을 뭐라고 정의하나.</u>

술은 사람들을 엮어 주는 것이다. 우리 가게의 테이블 세 개는 큰 나무 하나를 잘라서 만든 거다. 가공도 최소화해서 세 개의 테이블을 다 붙이면 하나의 덩어리로 연결된다. 언제든 사람들이 엉킬 수 있게 의도한 거다. 가게 명함에도 어깨동무를 하는 그림을 넣었는데 역시 사람들이 우리 가게에서 엉키길 원해서다. 술이란 것이 사람들을 엮어 주는 매개체니까. 동성 간에 엮이는 부분이 있고. 이성 간에 엮이는 매개체가 되기도 하고.

<u>어떤 손님들이 안씨막걸리를 찾나.</u>

조심스럽게 말하자면, 25~40세 사이의 고소득·고학력 손님들이 여길 많이 찾는다. 다른 데서 이렇게 말하니까 누가 나보고 세상에서 제일 건방진 사람이라고 한 적도 있다. (웃음)

<u>애초에 그런 손님을 타깃으로 삼았나. 메뉴 구성이나 전반적인 콘셉트에서 어느 정도 의도가 보이는 것 같다.</u>

그건 아니다. 말하자면 여기는 경리단길의 뒷골목 아닌가. 우연히 이 뒷골목을 지나가다가 와서 갑자기 한 접시, 한 병에 몇 만원씩 하는 비싼 안주와 술을 먹고 마시기는 어려운 가게다. 그렇다면 안씨막걸리는 손님들이 일부러 찾아오는 가게라는 이야기인데, 우리가 추구하는 것을 이해하고 동의하려면 교양이 풍부해야 한다. 학력 수준을 얘기하는 것이 아니다. 새로운 트렌드나 문화에 대한 욕구가 있고 그 욕구를 실행할 수 있는 능력을 가진 손님들이 우리 가게를 찾는다는 이야기를 하고 싶다.

<u>가게 문턱이 높은 것은 사실인데, 한국술을 널리 알린다는 취지에 반하지 않는가.</u>

일단 그렇게 될 수밖에 없다. 우리 가게가 휙 들어와서 '맥주 한 잔 주세요'라고 할 수 있는 가게는 아닌 것이 엄밀한 사실이니까. 홍보도 예쁘게 보여서 손님을 많이 끌기 위해서가 아니라 사람들에게 우리의 방식을 알리고 이해시키기 위해서 하고 있다.

<u>안씨막걸리는 철저하게 취향 중심의 사람들이 모이는 술집인 것 같다. 특별히 기억나는 손님이 있나.</u>

'토끼 소주'라는 술이 있다. 토끼 소주를 만든 사람은 뉴욕에 사는 미국 사람이다. 그 사람이 우리 가게에 놀러 오면서 직접 토끼 소주를 들고 왔다. 뉴욕에 돌아가서 친구들한테 우리 가게를 많이 홍보했단다. 그 사람이 돌아가고 난 뒤 소개받았다면서 술 마시러 오는 외국인들이 갑자기 늘어났다. 고맙기도 하고, 내 방식이 통한다는 느낌에 뿌듯하기도 했다.

<u>궁극적으로 어떤 공간에서 어떤 사람들이 모이기를 원하나. 본인이 만든 트렌드가 대세가 되기를 바라는 건가.</u>

5년 전에는 앤디 워홀의 팩토리처럼 화려한 공간에 화려한 사람들이 모이길 바랐다. 그런데 지금은 영화 〈박열〉에서 '나는 개새끼로소이다' 따위의 시나 쓰는 사회주의자들이 모이던 국숫집 같은 곳을 만들고 싶다. 5년 전에는 《책만 보는 바보》에 나오는 조선 후기 실학자 이덕무와 그 친구들이 모여서 토론을 즐기던 장소처럼 만들고 싶었는데, 요즘은 좀 더 물성이 있는 무언가를 생산하는 곳을 만들고 싶다.

예를 들면 수백 년 전 스위스 시계공들이 농사철엔 치즈를 만들고 남는 시간에 시계를 만들었듯, 뭔가 공방 같은 것을 만들고 싶다. 나는 한국 사람들에게 미각 교육이 필요하다고 생각하는 사람인데, 쌀 품종에 따른 밥맛의 차이나, 배추가 아닌 제철 재료로 만든 김치 등 다양한 맛을 보여 줄 수 있는 작업 공간과 그 속에서 함께 만들고 즐기는 공동체를 만들고 싶은 것이다. 외국에선 크래프트 비어 브루어리와 킨포크kinfolk 등의 형태로 발전해 온 방식이다. 빠르게 지나가는 트렌드, 유행을 주도하기보다는 지속 가능성이 있는 문화를 만들고 싶다.

<u>마음에 맞는 사람들을 만나기 위해서는 어느 정도의 노력이 필요하다고 생각하나. 우연의 힘도 무시할 수는 없을 것 같은데.</u>

기본적으론 노력을 해야 만나게 되는 거고, 만난 다음에도 노력을 해야 마음에 맞게 되는 거 아닐까. 우연의 힘도 작지 않겠지. 나는 지난 4년 동안 죽도록 노력한 거에 비해 마음 맞는 동료를 많이 못 만난 것 같아서 아쉽다. 나한테 문제가 있는 건 아닌가 하는 고민도 했는데, 지금까지는 한국 음식과 한국 술을 제대로 팔아 보겠다는 사람들의 모수 자체가 적은 것으로 결론을 내린 상태다. 투자자와 단골은 많지만.

<u>본인을 다시 정의해 보자. 안상현은 장사를 하는 사람인가, 아니면 다른 무언가를 추구하는 사람인가.</u>

난 내 에너지를 사람들에게 전파하는 것에 관심이 많지, 나를 뭐라고 규정하는 것에는 큰 관심이 없다. 장사꾼이라고 해도 되지만, 장인 정신으로 임하고 있다. 굳이 말하자면 종합 예술을 하는 사람? 장인 정신으로 작업을 하는데 그 안에는 많은 것들이 뒤섞여 있는.

경력을 보면 굳이 술집 말고 다른 형태로 에너지를 전파할 수도 있었을 것이라는 생각이 든다.

뭐 정치를 계속할 수도 있겠지. 그리고 나도 정치를 그만두었다고 생각하고 있는 것은 아니다. 오히려 궁극적으로는 언젠가 다시 정치하기 위해서 이 장사를 계속하고 있다고 말하는 게 더 맞는 것 같다. 투자자들을 모아서 가게를 열고 운영하는 과정도 다른 관점으로 보면 정치 활동이다. 나는 술과 음식으로 영향력을 발휘하는 사람이 되고 싶다.

화려한 경력을 뒤로 하고 술집을 차린다고 했을 때 주변의 반응은 어땠나.

투자자들이 그래도 투자를 해준 것을 보면…… 굳이 말로 절절하게 설명하지 않아도 알아볼 사람들은 알아본다고 생각한다. 내 입장에서 중요하게 생각하는 것은 투자를 받은 만큼의 성과를 내기 위해 잡다하게 이런저런 것을 시도하기보다는, 오히려 안 할 수 있는 의지를 갖는 것이다. 아까 말한 대로 구린 것들을 안 하는 것 말이다. 시간이 지나서 내가 새로운 것을 하겠다고 했을 때, 그동안 구린 것을 안 했던 사람이냐 잡다하게 했던 사람이냐의 차이에서 오는 결과는 차이가 클 것이라고 생각한다.

<u>여기 오는 손님들도 안상현의 그런 부분을 잘 이해하고 있을까.</u>

모든 손님이 그런 것은 아니겠지만 대부분의 손님들이 나의 그런 모습을 충분히 이해하기 때문에 계속 가게를 찾는 것이라고 생각한다.

<u>함께 일하는 사람을 고르는 기준도 엄격할 것 같다.</u>

이 일을 잘하고, 대의명분을 중시하고, 성장을 추구하는 사람이 필요하다. 어떤 관념을 가지고 음식을 만들고 팔 것인가. 그런 생각을 가지고 사는 사람들을 선호한다. 사진을 예로 들면, 나는 사진에도 논리가 있어야 한다고 생각한다. 우연히 잘 찍힌 사진 몇 장 가지고 프로 사진가로 활동하며 밥벌이할 순 없겠지. 일관된 방식으로 우수한 사진을 찍는 사람을 프로라고 말할 수 있지 않을까. 마찬가지로 좋은 음식과 술은 우리의 일관된 관점과 지향점 속에서 나오는 게 좋다고 생각한다. 한 사람의 심미안이나 재치 같은 것에서 나오는 것이 아니라.

<u>기본적으로는 같은 신념을 공유한 사람들 속에서, 운영은 시스템으로 가져가겠다는 뜻인가.</u>

맞는 이야긴데, 아직은 반반이다. 안씨막걸리의 식구들도 내 계획을 지지하고, 달려들어서 뭔가 생산하려는 분위기라는 측면에서 절반은 맞는 얘기다. 그리고 아직은 내가 직접 관여하지 않고서는 목표점까지 가질 못한다는 것이 남은 절반의 과제다. 2호점 격인 '21세기 서울'을 오픈할 때, 나름대로 거의 전수조사를 했는데도 우리와 100퍼센트 잘 맞는 요리사를 찾기가 너무 힘들었다. 그래서 일단 마음을 맞출 수 있는 사람을 찾아서 실력을 키워 낼 수밖에 없다는 결론에 도달했다. 맛 연구회에 많은 시간과 비용을 투자하는 이유도 그래서다. 우리의 시스템과 인력이 안정되려면 앞으로 한 3년 정도는 더 달려야 한다고 생각한다.

바로 여기가 본토다

<u>상호에 이름을 거는 것은 꽤 고전적인 방식이다. 왜 굳이 본인의 이름을 넣었나.</u>

이름에 어떤 의지를 담을 것인가는 중요한 부분이다. 술집 중

에 '막걸리 집'이라는 분류는 있는데, 우리가 추구하는 방향인 '21세기 서울에 맞는 술집'이라는 것은 아직은 없는 분류이기 때문에 전에 없는 한국술 전문점을 만들겠다는 생각이었다. '안씨'를 붙인 것은, 정치판에서 실패를 겪은 나에게 이 가게의 성공은 마지막 찬스 같은 것이었다. 또 실패하면 20대 때 좀 잘나가던 안상현은 이제 완전히 망한다고 생각했다. 그래서 제대로 된 풀스윙을 해야 한다는 생각에 내 모든 것을 다 건다는 생각으로 내 성을 집어넣은 것이다. 그리고 안씨가 또 고집이 세거든, 최씨 고집이 세다고 하지만 실은 안, 강, 최 순서다. (웃음) 그래서 '안씨 고집'으로 밀어붙인다는 뜻도 있었다.

술집 창업을 준비하는 이에게 해주고 싶은 조언이 있나.

내 방식을 마음껏 따라 하고 가져갔으면 좋겠는데, 대부분 그러지 못하는 것 같다. 내 자랑 같은 이야기를 하자면, 따라 할 수가 없어서 못하는 것도 같다. 일식 주점인 '이자카야'는 이제 전 세계 어디를 가도 딱 알 수 있게 보편적인 형태가 잡혀 있다. 그게 '형식의 힘'이라는 것인데, 한국술집의 형식은 아직 완성되지 않은 단계다. 그래서 그냥 장사를 하려는 생각만 하지 말고 한국술집이라는 형식을 어느 정도 잡아 갈 수 있는 뭔가를 해보자는 것이 내가 강조하고 싶은 부분이다.

지금의 본인을 한번 평가해 본다면, 소개 말고 평가.

지금의 나를 평가한다면, 이 술집을 처음 시작할 때는 훨씬 더 빠르게 성장할 줄 알았는데 왜 이 정도밖에 안됐는가에 대해서 애끓고 답답한 사람이라고 할 수 있겠다. '내가 착각하고 있었나, 내가 영향력이 없었나'라고 생각할 때도 있지만 과거에 나름대로 성공한 경험도 있고 이제는 이 가게도 대충 굴러가게 만든 것도 사실이긴 하다. 전반적으로는 성장하고 있으니까 계속 마음을 다잡으면서 노력하는 사람 정도로 평가하고 싶다.

직장 생활을 계속했다면 지금 어떻게 되어 있을까.

그럭저럭 높은 연봉도 받고, 여기저기 지금의 나와 비슷한 사람들에게 투자하면서 나름 신나게 잘살았을 것 같다. 하지만 이렇게까지 내 자신을 밑바닥까지, 완전히 땅속까지 내려오게 만들어서 재구성해 볼 기회를 얻지는 못했을 것 같다. 나는 한국 사회에서 태어나고 길러진 재능 있는 젊은 사람 중 한 명으로서, 한국 사회에 감사한 마음과 책임 의식이 크다. 앞으로 리더로서의 역할을 잘 해내는 데에는 지금까지의 방식으로 살아온 경험이 좋은 자산이 될 것이라고 생각한다.

<u>가게를 하면서 후회한 적은 없나. 꿈꾸거나 계획하고 있는 미래는 어떤 모습인가.</u>

술집을 해서 하루도 후회한 적이 없고, 지금보다 매출이 반의 반밖에 안 나오던 첫해에도 후회를 안했다. 의식주라는 말도 있듯이 먹고 마시는 문제는 사회적으로 공감대를 사는 주제라고 생각하게 됐다. 영국인 셰프인 제이미 올리버는 영국 음식은 맛이 없다는 이미지를 깨고 급식 혁명을 통해서 불량 식품을 개선하면서 정치적인 영향력을 확보했다. 한국에서는 황교익 평론가가 그런 포지션을 가져가고 있는 것 같다.

한국에는 파인 다이닝의 영역, 평론가의 영역, 백종원 방식의 매스 프랜차이즈의 영역에서 각각 정치력을 확보한 사람들이 있다. 우리 가게는 셋 중 그 어느 분야에도 딱 맞아떨어지진 않고, 굳이 말하자면 부띠끄 성격이 강하다고 할 수 있다. 앞으로 몇 개의 매장을 열더라도 하나하나 개성이 살아 있는 독립적인 술집을 만들려고 한다. 각 매장 책임자들의 캐릭터가 공간에 녹아들어 그들 나름대로의 독립술집이 된 형태의 사업을 하고 싶다.

> 사업 확장에 대한 꿈이 크다. 그 안에서 안상현 개인의 성공은 어떤 형태로 나타나게 될까.

한국에는 아직 '월드 50 레스토랑The World's 50 Best Restaurants' 리스트에 들어가는 곳이 없다. 안씨막걸리든 다른 가게든 이 리스트에 이름을 올려서 명성과 자본을 얻은 다음, 이 업계에 영향력을 미칠 수 있는 사람이 되고 싶다. 사람들이 내 말에 귀를 기울이려고 하는 정도의 영향력을 가지고 싶다.

> 쉐이크 쉑 버거 창업자이자 《세팅 더 테이블》을 쓴 미국의 레스토랑 사업가 대니 메이어가 떠오른다. 혹시 대니 메이어가 롤모델인가.

대니 메이어는 아주 좋은 롤모델이다. 그도 개성이 넘치는 식당을 차근차근 만들어 가면서 자리를 잡고 영향력을 확보하게 된 사람이다. 그런 식으로 성장할 수 있다면 좋은 일일 것이다.

> 본인의 삶에서 이 일이 차지하는 비중은 어느 정도인가.

100퍼센트, 내 모든 것이다.

가게를 하면서 가장 어려운 점은 무엇인가.

툭 터놓고 말하자면 매 순간이 어렵고 또 어렵다. 가게를 열고 처음에는 내가 외식업에 대해서 너무 모르다 보니 내가 고용한 주방장 말에 다 따라가곤 했다. 근데 주방장도 사실은 사장 노릇은 해보지 않았으니, 서로 모르는 얘기를 마치 진리처럼 강요하고 있는 상황이 되더라. 그러다 보면 모든 말에 휩쓸리기 십상이다. 다행히 요즘엔 주변에서 내가 엄청나게 발전했다고 평가해 준다. 지금의 나는 이 추세를 믿고 미래에 베팅하는 것이다. 내년, 내후년이면 어디까지 가 있을까 상상하면서 사는 거다.

당장 내일 술집을 그만둔다면 뭘 하겠나.

당장 내일 술집을 그만둔다면, 일단 오늘 친구이자 투자자이자 단골인 지인들을 잔뜩 불러서 모두 안아 주겠다. 앞으로 어떤 일을 할 것인지에 대한 질문이라면, 역사와 문화에 대해 깊이 공부해서 한국 사회에 새로운 길을 제시하는 활동을 하고 싶다. 너무 진지하고 어렵나? 그래도 진심이다.

<u>성공에 대한 열망이 강해 보인다. 안상현의 성공을 측정할 수 있는 방법은 뭐가 될까.</u>

성공이라기보다는 소중한 인생이니 스스로 만족할 정도로 잘 살고 싶을 뿐이다. 만일 내 시간을 100퍼센트 내 마음대로 쓸 수 있고, 경제적 자유가 있다면 성공한 상태일 것 같다. 경세적 자유란 사업을 일으키기 위한 자본이 아니라 개인적 소비를 위한 돈을 확보하는 것을 말한다. 자유로워지려면 한 달에 1000만 원 정도 내 맘대로 쓸 수 있다면 좋지 않을까? 정치 한량 시절에는 한 달 용돈 50만 원으로도 잘살긴 했지만. 어찌 됐든 이런 것들이 기본으로 갖춰진 상태에서, 사람들의 인정과 존경까지 받는다면 꽤 성공한 사람일 것 같다.

<u>버리지 못하고 있거나, 버리기 싫은 편견이 있나. 어쩌면 편협하게 보일 수도 있는 나만의 편견이 있다면.</u>

어느 시대, 어느 지역에서나 인구 대비 아주 적은 수의 뛰어난 사람이 태어나고, 그 사람들은 정치, 경제, 법학, 예술, 체육 중 무엇에 집중하든 대충 다 잘할 수 있다고 본다. 그 사람들이 과학에 열심히 뛰어들면 그 시대의 과학이 융성하는 거고, 미술에 뛰어들면 미술이 발전한다고 본다. 한국에서 70~80

년대에 태어난 뛰어난 사람들 중에 음식과 술의 발전에 투신하고 있는 사람은 적다고 생각한다. 말하고 보니 사실 편견이 아니라 현실이라고 생각하는 부분이기도 하다.

<u>지금 하는 술집 혹은 안상현 개인에게 인사이트를 준 예술 작품이 있나.</u>

2년 전에 넷플릭스Netflix에서 다큐멘터리 〈셰프의 테이블〉을 본 적이 있다. 그때는 사실 지루하기만 하고 하나도 재미가 없었다. 하지만 작년부터 술뿐 아니라 음식으로도 한국 고유의 것을 만들겠다고 생각을 고쳐먹고 보니 이보다 좋은 교재가 없더라. 창조의 최전선에 선 예술가들이 어떻게 자신의 세계를 만들어 냈는지 보면서 자극을 받는다. 보고 또 본다.

<u>안상현의 성장 동력은 무엇일까. 성장을 막는 요소들은 또 무엇인가.</u>

좀 더 나은 인간이 되고 싶다는 원초적인 욕망. 내 자신이 더욱 나아지는 모습에서 가장 큰 만족감을 얻고 그 자체가 성장 동력이다. 성장을 막는 요소는 교만함일 것이다. 내 자신의 성장의 만족감이 너무 클 때 곧잘 교만해지는데, 교만해지면

더 나은 사람이 되지 못한다고 본다. 요즘의 가장 큰 화두다.

<u>카피캣이 안 되려면 어떻게 해야 하나. 카피캣이 아닌 사람들이 우리 사회에서 성공하려면 얼마나 걸릴까.</u>

본인이 무엇을 왜 하는지 깊이 있게 고민하고, 기준을 세워 철저히 그 기준에 따라 실행해야 한다고 생각한다. 카피캣이 아닌 것의 진가를 알아보고 그 고유성에 추가적인 비용을 지불하는 사람이 나오기까지는 아직 시간이 더 걸릴 것이다. 요식업계만 놓고 보면 내수 시장이 일단 탄탄해져야 할 것 같은데. 말하기 조심스럽지만 고객을 교육하면서 같이 커야 할 필요가 있다. 내가 성공 사례가 되었으면 하는 마음으로 해나가고 있다.

<u>해외로 나가고 싶은 마음은 없나.</u>

당연히 해외 진출에 관심이 있다. 사실 우리 가게의 형태나 사업 방식으로 보면 서울에서 추가로 매장을 출점하는 것보다도 뉴욕이나 파리에 진출하는 것이 오히려 더 현실성이 높지 않을까, 하는 생각도 많이 한다. 샤넬 플래그십 스토어가 한 나라에 여러 개 생기지 않고 세계 주요 도시에 하나씩 생기는 것과 같은 이치다. '자뻑'이 아니라, 우리 같은 형태의 사업은

다수의 대중에게 호응을 받기 어려운 것이 사실이다. 알아볼 수 있는 눈을 가진 사람이 제한돼 있다는 것을 분명히 인지하고 거기에 맞게 대응해야 한다.

<u>다음 가게의 이름을 미리 지어 본다면 뭐가 좋을 것 같나.</u>

1호점은 내 개인의 고유성을 가게에 투사해야 성공할 수 있었기 때문에 안씨막걸리였다. 2호점은 우리가 살고 있는 지금 여기를 말하고 싶었기 때문에 '21세기 서울'이다. 3호점을 연다면 더 이상 '본토 따라 하기' 경쟁을 그만두고 바로 여기가 본토라는 선언을 하는 의미에서 '본토'를 생각하고 있다.

참프루는 '핫 플레이스'인 망원동의 중심부에서 비켜나 있다. 바텐더가 꿈이었던 사장 변익수는 2014년 망한 상권을 찾아 밥집도, 술집도 없던 망원동 공방길에 들어왔다. 변익수의 집은 참프루다. 홈인샵(home-in-shop) 형태로 만들어진 가게에서 살면서 술을 팔고 있다. 참프루가 사람들에게 즐거움은 물론, 꿈과 희망을 주는 공간이 되길 바라고 있다.

3 망원동 참프루 ;
망한 상권만 찾아다닌다

사장이 되는 법

참프루 사장
변익수가 썼다.

사장이 되려면 어떻게 해야 할까? 돈이 많아야 하나? 모두들 고개를 끄덕거리게 만들 강력한 동기와 간절함이 있어야 할까? 어떻게 하면 사장이 될 수 있을까? 어찌됐든 나는 스물여섯 살에 사장이 되었다. 사장이 되는 것은 생각보다 간단하다. 사장 직함이 꼭 필요하다면 면세 사업의 경우 3만 원 가량의 돈을 내고 구청에 등록만 하면 된다. 등록을 하면 내가 버는 돈의 액수와는 상관없이 나는 경제 활동 인구 통계에 포함되어 버린다.

사장이 되어야 하는 동기를 찾는 것도 실은 아주 간단하다. 나의 경우 집이 없어져서 가게를 차렸다. 원래 집인 인천을 잠시 떠나 호주에서 일하는 동안 비어 있는 내 방에 친척 동생이 들어와서 살게 되었다. 친척 동생이 인천에 일자리를 구하면서 우리 집에 머물게 된 것이다. 그런데 호주에서 돌아온 뒤에도 상황이 달라지지 않았다.

마침 운 좋게 학교 기숙사에 들어가서 1년 정도는 밖에서 살며 버텼지만, 밤늦게까지 아르바이트를 하다가 규율을 어기게 되어 기숙사에서 쫓겨나고 말았다. 결국 자취를 결심하게 되었는데, 서울에서 자취방을 구할 돈이면 위치는 좋지 않더라도 저렴한 점포를 구할 수 있는 것이 아닌가. 호주에서 사막 여행을 하면서 차에서도 잘만 먹고 살았는데 뭐. 비록 등 따시게 보일러 켤 수 있는 곳은 아니어도 지붕 있는 건물이라면 만족스러웠다. 거기에 사장님 소리 들으면서 내가 장사하고 싶을 때 장사하며 돈도 벌 수 있다니, 나는 집을 포기하고 바로 가게를 시작하기로 했다. 사람의 꿈은 이렇게 우연히 이뤄지기도 한다. 하고 싶은 것은 해봐야 하는 성격과 몇 가지 우연한 정황이 겹치며 나의 꿈은 일단 이루어졌다.

나는 가게에서 먹고 자는 사장이지만, 그래도 내 가게를 부러워하는 사람들이 꽤 있다. 특히 젊은 친구들이 많이 부러워하는데, 어린 나이에 사장이 되었고, 놀고먹고 대충 장사를 하는 것 같은데 운영이 그럭저럭 되고 있으니 부러웠나 보다.

틀린 말은 아닌 것이, 나는 노는 것을 꽤 좋아해서 손님들보다 더 술에 취하기가 일쑤였다. 성실함이라는 평가 항목에는 아주 빵점이라고 할 수 있겠다. 그런데 이런 식으로 가게를 운영할 수 있는 것은 한편으론 나이가 어리기 때문에 가능한 것이 아닐까? 처음 가게를 열 때는 학생 때였으니까, 학업이라는 도망칠 구석이 있었고, 잃을 것이라고 해봤자 다시 못 벌 수준의 어마어마한 돈 같은 것도 아니었다. 또 책임져야 할 가족도 없었다. 쉽게 말해서 망해도 죽진 않을 것 같았다.

자영업자로 더 살아 보겠다는 결심을 굳힌 것은 사실 최근의 일이었다. 처음부터 장사가 그리 잘되는 가게는 아니었고, 최근까지도 이것을 계속 이어 갈지에 대한 걱정이 많았다. 일 자체는 즐겁고 직장인보다 여유 있는 삶은 무척 만족스럽지만, 역시 경제적인 부분은 나를 우울하게 만들었다. 안정적인 직업을 바탕으로 삶을 꾸려 나가는 친구들이 부럽기도 했다.

그러다 최근에 실업률, 특히 청년 실업률이 두 자릿수로 치솟았다는 기사를 보았다. 그 탓에 많은 젊은 청년층이 영세 자영업자로 몰리고 있다는 분석까지 나오더라. 아마도 뭐라도 하고 있으면 노는 것보단 낫다는 생각에서 그랬을 것이다. 나도 그 틀에서 크게 벗어나진 못한 것 같지만, 일단은 젊은 영세 자영업자들을 환영하고 싶다.

'헬조선'이라는 말까지 나오는 세상에서 밤늦게까지 일하고, 남 좋은 일만 하면서 쥐꼬리만 한 돈을 버느니 차라리 가난하고 여유 있는 자영업자가 되는 것이 낫겠다는 생각이다. 이왕 망한 거 좀 놀고먹고 여유 부리면서 망하자. 하고 싶은 것도 하고 말이다. 비싼 차 같은 거 안 타면 그만이지. 겨우 집 한 채, 차 한 대 구했더니, 늙고 병들어서 죽을 날 임박하여 뭐 하고 살았던 건가 궁금해하며 죽고 싶진 않다. 모두 즐기면서 대충대충 삽시다. 행복하면 됐잖아!

인터뷰
참프루 사장 변익수

피난민, 망원동에 집을 차리다

<u>술집을 열기 전에는 뭐 하던 사람인가.</u>

경영학을 전공하던 학생이었고, 아르바이트 외에 다른 직업을 가진 적은 없었다.

<u>왜 술집이라는 가게를 차리게 된 건가.</u>

예전부터 바를 운영해 보고 싶었다. 대학생 때 호주로 워킹 홀리데이를 다녀왔는데 그사이 우리 집 내 방이 사촌 동생 차지가 됐다. 엄마는 나보고 거실에서 살라고 했는데 나도 학생이고 공부도 해야 하는데 불편하기 짝이 없었다. 욱하는 마음에 집을 일단 나와 대학교 기숙사에서 살다가 쫓겨났다. 바에서 아르바이트를 하던 때였는데 자꾸 밤늦게 들락거리다 걸려서 그랬다. 집을 구해야 하는 상황이 됐는데 집을 구할 돈이면 점포를 구할 수 있더라고. 원래 가게를 해볼 마음이 있었으니까 그길로 참프루를 열게 됐다.

<u>워킹 홀리데이에서 번 돈은 창업에 다 썼나.</u>

1000만 원 정도 벌어 온 돈이 있었는데 보증금과 인테리어 비용을 충당하기에 좀 모자랐던 것이 사실이다. 학자금 대출을 받으면 생활비 대출도 같이 나온다. 대출 신청만 하면 주는 돈인데 그걸 한 학기에 150만 원씩 두 학기 분량을 받아서 충당했다.

<u>가게에서 살면서 장사도 하는 특이한 형태다. 이런 방식은 본인이 직접 구상했나.</u>

홈인샵home-in-shop이라고 거창하게 부르긴 하는데, 말했듯이 현실적인 이유로 이런 방식을 택하게 됐다. 집도 구하고 가게도 구할 돈은 없는데, 이 공간에서는 두 개가 다 가능하니까. 그런데 이 홈인샵이 인테리어를 전문으로 하는 사람들 사이에서 통용되는 개념인 줄 알았는데, 그게 아니더라. 한번 생각해 봐라. 시골이나 구석진 동네 슈퍼마켓에 가면 가게 안쪽 방문이 드르륵 열리면서 주인이 나오잖아. 그게 홈인샵이다. 옛날부터 여기저기 있었던 건데 젊은 사람이 망원동에서 이렇게 사니까 유독 특이하다고 하는 것 같다.

<u>그렇게까지 가게가 하고 싶었나. 그래도 개인 공간에 대한 욕심 같은 것이 있기 마련인데. 여기서는 출퇴근의 개념도 없고.</u>

그렇다. 가게를 한번 해보겠다는 생각은 아주 분명했다. 처음엔 집에서 술을 파는 느낌이어서 좀 어색하긴 했다. 가게 인테리어도 제대로 안 돼 있었으니 뭔가 휑하기도 했다. 의자, 옷걸이, 조명 등 여러 가지를 하나도 못 갖춘 상황에서 가게를 시작했다. 말이 그랜드 오픈이었지 사실 구비해 놓은 술도 별로 없었고.

<u>망원동이라는 동네를 택한 이유는 뭔가. 돈이 없는 사람이 쉽사리 가게를 낼 동네는 아닌 것 같은데.</u>

그런데 나한테는 여기가 집이기도 하니까…… 원래 홍대 근처 바에서 주로 아르바이트를 했었다. 일하는 곳이 가깝고 여기서 평창동 쪽에 있는 학교에 가는 것도 생각보다 그렇게 나쁘지 않았다. 지각해서 택시 타면 그냥 에이, 소리 한번 할 정도의 비용이 들었다. 그리고 결정적으로 내가 들어올 때인 2014년에 지금 이 장소는 전혀 주목받지 못했다.

> 그럼 질문을 다시 해보자. 가게를 한다고 하면서 굳이 조용한 상권을 택한 이유는 또 뭔가. 뜨는 곳을 먼저 선점하겠다는 목표가 있었나.

선점보다는 사실 '망한 상권'에 먼저 들어온다고 말할 수 있겠다. 현실적으로 가진 돈이 없었다는 점과 언젠가는 여기가 뜨겠지 하는 기대가 더해진 정도다. 지금 참프루 주변에 있는 서너 개의 가게들은 불과 1년 사이에 생긴 가게들이다. 여기가 '공방길'이라고 불리는 골목인데 여기서 밤에 장사하는 집은 작년까지만 해도 참프루밖에 없었다. 밤에 골목에 불이 다 꺼지면 음산할 정도였다. 처음에 참프루를 찾던 손님들은 가게가 엉뚱한 곳에 있다고 그랬는데, 지금 여기를 찾아오는 손님들은 가게가 '핫 플레이스'에 있다고 말한다. 아이러니다.

> 망원동 변화의 한가운데에 있었다.

동네가 변신하는 시간이 1년도 안 걸리더라. 밴드 장미여관의 육중완이 망원동에 사는 모습이 방송에 나오면서 뜬 거 같다. 여기가 경리단길의 뒷골목들하고 분위기가 비슷하다. 경리단길은 이태원에서 도보로 이동할 수 있으면서 싼 동네였기 때문에 젊은 사람들이 가게를 열기 위해 몰린 건데, 망원동 일대도 홍대 상권에서 도보로 이동할 수 있고 싼 동네였던 점이 경리단길과 같은 점이다.

<u>현실적인 이유를 떠나서, 원래 가장 가고 싶었던 곳은 어디였나.</u>

원래는 서촌에 가게를 내고 싶었다. 한옥을 그대로 살려서.

<u>서촌도 꽤나 '핫 플레이스'다. 역시 돈이 문제였나.</u>

서촌이나 북촌이 뜨기 전인 한 8년 전에 그 동네 한옥 시세는, 작은 집 전세가 3000만 원 정도였다. 청년 장사꾼들 등 젊은 사람들이 들어오면서 동네가 활기를 띠기 전이었다. 동네도 예쁘고 집들도 좋고, 그래서 먼저 가져가는 사람이 임자라고 생각했지만 학생 신분이라 돈이 없었지. 그래서 호주에 돈 벌러 간 거다.

그런데 돈이 생각만큼은 많이 안 모였다. 게다가 돌아와 보니까 이미 서촌이나 북촌이 떠버려서 월세·전세 가릴 거 없이 엄청나게 올라 있었다. 전세 3000만 원짜리 가게를 꿈꾸면서 호주로 갔는데, 돈은 절반도 못 벌어 왔고 이미 동네는 비싸져 있고. 그래서 다른 동네를 찾을 수밖에 없었다. 망원동 공방길 쪽은 아직 저렴해서 가난한 예술가 지망생들이 많이 모여 있다는 것 정도는 알고 있었다. 여기저기 둘러보긴 했지만 결국 여기로 결정하게 됐다.

> 처음 가게를 열 때와 비교하면 망원동의 환경과 상황이 많이 변했다. 젠트리피케이션의 위협을 느끼고 있나.

이 공간도 월세가 많이 올랐다. 상대적으로 다른 곳에 비해서는 여전히 싸긴 한데 워낙 쌀 때 들어와서 나한테는 지금 내야 하는 돈이 비싸게 느껴질 수밖에 없다.

> 지금 이 자리에서 가게를 더 키우고 싶은 마음이 있나.

가게는 키우고 싶다. 장사가 재밌고, 장사를 하다 보면 어쩔 수 없이 여기저기 상권을 살펴보고 확장 가능성을 살피게 된다. 대충 보면 견적은 나오는데 실제로 돈은 충분하지 않은 것이 문제지. 그러면 다시 저평가된 동네로 옮길 수밖에 없겠지. 이 동네는 크게 들어오면 크게 벌어서 나가고, 작게 들어오면 작게 벌어서 나가는 동네다. 요즘 재개발 논의도 들리는데, 그러면 백만 원 단위로 먹고 사는 사장들은 더 이상 손대기 어려운 동네가 될 것 같다.

<u>다음으로 살펴보고 있는 동네가 있나.</u>

효창공원 일대가 잘될 거라 예상한다. 또 을지로 철물점 사이사이에 아주 매력적인 공간들이 많다. 서울역 뒤에도 작은 술집들이 많이 생길 것 같다. 개인적으로 서울역 뒤쪽은 잘될 수밖에 없을 것 같다. 동네 분위기가 엄청 좋고 2007년 무렵에 용산 재개발 이야기가 나오면서 들썩거리다 재개발이 취소되면서 열기가 한번 싹 빠진 상태다. 거기가 아직 싼 동네니까 우리 같은 '피난민'들이 찾아가기 좋다.

<u>다음번 옮길 때 여기는 접을 건가.</u>

솔직한 마음으로는 접고 싶지 않은데, 현실적으로는 돈이 없으니까. 여기가 쌀 때 장기 임대를 했어야 했는데 타이밍이 안 맞았다. 자꾸 망설이다가 기회를 날렸다. 지금 권리금 없이 임대할 수 있는 가게는 아마 망원동에 없을 거다. 아이돌 콘서트 티켓 예매하듯이 번개처럼 움직였어야 했는데 그러질 못했다. 한편으론 돈 장난을 치는 부동산 꾼들도 문제다. 자세히 말하기는 어렵지만 그 사람들 때문에 자꾸 영세한 상인들이 어려워지는 상황도 있다.

<u>동네를 옮겨도 결국 같은 문제가 다시 발생할 텐데.</u>

그러니 장난질 들어오기 전에 미리 들어가서, 나올 때 차액을 남기는 수밖에 없다. 나 같이 영세한 상인들에게는 가장 현실적인 방식이다.

<u>수입이 넉넉지 않거나, 돈 놓고 돈 먹기가 안 되면, 가게를 운영하는 것은 고난의 연속이겠다.</u>

사실 가게를 그만둬야 할 것 같은 순간도 많았다. 부업 삼아 일주일에 한 번 막노동을 나가기도 했다. 단골손님들이 모여서 월세를 대신 내주고 지분을 받자는 이야기도 했었다. 지분이라고 해봐야 술 공짜로 먹을 수 있는 권한을 확보하는 정도지만.

<u>그래서 손님들이 돈을 꽤 모아 줬나.</u>

일단 내가 막노동을 해서 급한 불은 껐다. 막노동에 꽤 익숙한 편이다. 하루 딱 몸 쓰면 정확한 돈이 들어오는 식으로 깔끔하니까 좋기도 하다. 그리고 막노동이라는 노동의 형태가 생각보다는 육체적으로 대단히 힘들지는 않다. 그 일을 하고 있는 상황이 사람을 힘들게 만드는 거지.

<u>그렇게까지 해서 가게를 유지하고 싶었던 이유는 술집 사장을 해보고 싶다는 꿈 때문인가.</u>

글쎄. 일단 여기를 떠나면 나는 잠을 잘 데가 없잖아. (웃음)

<u>혼자서 가게를 운영하는 것이 힘들지는 않나.</u>

영업시간이 평일은 저녁 8시부터 12시까지, 주말은 저녁 8시부터 새벽 3시까지니까 길지는 않다. 동네도 아직은 대체로 조용해서 찾아오는 사람들 외에 유동 인구가 많지 않다. 망원동 일대에 술집들이 너무 많이 생겨서 손님들이 다른 데로 몰려가서 그런지, 체력적인 부담은 얼마 없다. 친구들이나 단골들은 낮에 카페라도 하라고 하는데 나는 일단 술을 파는 곳으로만 이 공간을 유지하고 싶다.

<u>술집 낼 곳으로 점찍어 둔 제2의 장소가 있다면.</u>

결론부터 말하자면 아직 없다. 망원동보다 사람이 많고 엉망진창으로 놀아도 되는 번화가에 내 가게가 있었으면 좋겠다. 엉망진창으로 놀 수 있는 곳이라면 어디든 좋겠다. 가까이 있는 홍대도 좋고. 반대로 지금보다 더 조용한 곳에 가게를 내고 싶

은 마음도 있다. 내가 매력 있는 사람이 되고 내 공간이 매력이 넘친다면 사람들은 알아서 찾아올 테니까. 아예 서울을 떠나 제주도로 가는 것도 좋지만 이미 너무 늦었다는 생각이 든다.

<u>해외로 나가서 장사하고 싶은 마음은 없나.</u>

몇 년 전까지만 해도 해외로 나가서 장사를 하고 싶었는데, 최근 들어 한국에서 계속하고 싶다는 생각이 확고해졌다. 기회가 있다면 해외도 나쁘지 않겠지만 언어 문제도 있고, 외국인에게 배타적인 나라들이 많아서 그렇기도 하다.
무엇보다 한국에서 해보고 싶은 것들이 아직 많고, 좋은 친구들도 많다. 호주에서 고생을 좀 해서 그런지 해외에서의 생활에 크게 희망이나 꿈을 갖고 있진 않다. 한국이 가장 편한 곳이기도 하거니와 나 같은 사람에게 한국은 기회의 땅이다. 왜냐면 한국의 요식업 분야는 아직 발전 중이기 때문이다. 소비자들의 안목도 아직 높지 않은 것 같다는 점에서 어찌 보면 불모지지만 동시에 블루오션이 아닌가 하는 생각이 든다.

꿈과 희망을 찾는 사람들

<u>가게 이름이 '꿈과 희망, 감성 커뮤니케이션 펍 참프루' 다. 꿈과 희망이라는 캐치프레이즈가 조금 뜬금없다.</u>

꿈과 희망은 내가 제일 좋아하는 말이다. 나는 언제나 꿈과 희망을 가지고 살고 싶은 사람이다. 왜냐하면 현실이 시궁창이니까. 꿈과 희망은 이를테면 '이밥에 고깃국'을 꿈꾸는 것과 같은 거지.

참프루의 입구. '꿈과 희망'이라는 캐치프레이즈가 적혀 있다.

'감성 커뮤니케이션 펍'은 또 무슨 뜻인가.

처음 가게를 시작할 때, 일단 내 가게에선 내가 신나게 놀아야 한다고 생각했다. 여기 찾아오는 손님들과 즐겁게 이야기하면서 놀아야겠다는 생각에 큰 고민 없이 저런 말을 붙이긴 했다. 그리고 꼭 나랑 놀지 않아도 손님들끼리 다 같이 노는 것도 좋으니까 뭔가 감성을 자극하고 싶은 의도도 있었다. 뭐 어쨌든 듣기 좋지 않나.

그렇다면 참프루라는 일본식 이름을 지은 이유는 뭔가.

누군가한테 '참 푸르다'라는 뜻이 있다고 말한 적이 있는데 사실이 아니고 나중에 갖다 붙인 뜻이다. 이번 기회를 빌려 죄송하다고 말씀드리고 싶다. 참프루는 일본 말이 맞고, '섞는다'는 의미가 있다. 일본어로 짬뽕이 '참퐁ちゃんぽん' 정도로 발음되는데, 참프루는 참퐁의 오키나와 방언 같은 것으로 이해하면 된다. 바텐더는 여러 가지를 섞어서 만드는 칵테일을 파는 사람이니까 그런 것도 감안했다.

<u>일본에 대한 추억이 있나 보다. 아니면 일본 문화를 추종하는 타입인가.</u>

역시 대단한 이유는 아닌데, 일본에 처음 놀러 갔을 때 일본에서 오키나와 스타일의 술집이 유행이었다. 사실 나는 오키나와 스타일이 뭔지 제대로 구분도 못 했는데, 나중에 알고 보니 친구들과 항상 가던 술집들이 오키나와 스타일이었던 것이다. 그중에서도 내가 좋아하던 가게가 있었는데 그곳 이름이 '참프루'였다. 일본에 갈 때마다 참프루에 놀러 가다 보니 사장과도 친해졌고, 스태프 중에 친한 친구도 생겼다. 가게 이름을 정할 때 딱히 좋은 이름이 생각도 안 났고, 뭔가 일본 스타일의 작은 바를 하고 싶기도 했다. 그리고 한국에 지점을 내고 싶다던 사장의 말도 생각나서 이 가게의 이름을 참프루로 짓게 되었다. 물론 일본 참프루의 사장도 흔쾌히 좋다고 했다.

<u>가게에 오는 손님들은 어떤 사람들인가.</u>

초창기에는 주로 친구들이 많이 왔다. 망원동이라는 동네의 특성인지 몰라도 좀 특이한 손님들도 많았다. 그중에 추운 겨울에 양손에 수술용 장갑을 끼고 나타나곤 했던 손님이 기억난다. 면역이 떨어지면 생기는 피부병 때문에 그랬다더라. 그

손님은 어느 날 갑자기 문을 열고 술 파는 곳이냐고 물으면서 들어왔다. 미학을 전공한 사람인데 이야기를 나눠 보니 아주 독특했다. 항상 같은 자리에 서서 진토닉을 마시고 갔다. 늘 같은 자리에 서 있다 보니 우리 가게에서는 토템이랄까, 장승같은 존재로 취급받기도 했다. 그 손님도 나중에 술집을 창업했는데 내가 그분에게 창업의 용기를 준 거라고 생각하고 있다. '아 이런 애도 장사를 하네'라고 생각하지 않았을까.

> 어릴 적부터 술집 주인이 꿈이었나. 막연하게나마 가졌던 다른 꿈은 없었나.

아주 어릴 때는 우주 공학자가 되고 싶었다. 예전에 한 손님이 갑자기 자신의 삶이 엉망진창이라면서 푸념을 했다. 자기가 이렇게 마땅히 하는 일 없이 살고 있을 줄 몰랐다며, 원래 꿈은 고고학자라고 했다. 그 말을 듣고 '나는 무엇이 하고 싶었나?'라고 생각해 보니 우주 공학자가 꿈이었던 때가 생각났다. 우주 공학자를 꿈꾸던 때는 나름대로 공부를 잘하던 학생이었다. 늘 자신감에 넘치고 열심히만 한다면 이루지 못할 게 없다고 생각했다. 그런 생각이 가장 커지는 중학생 시절에 이른바 '중2병'에 걸렸다. 잘난 맛에 살면서 딱히 노력은 않는 시간들을 보내다가 무릎에 종양이 생겨서 열네 바늘 정도 꿰매는 수술을 받게 됐다. 우주에 가려면 이런 수술을 받으면 안 된다는 이야기를 들은 적이 있어서 실망이 컸다.

<u>그래서 술집 주인으로 꿈이 바뀐 건가.</u>

마르지 않던 자신감과 자기애가 시간이 지나면서 점점 사라져 갔다. 그와 맞물려 내 모습도 점점 상상하던 모습과 달라져 갔다. 성적은 계속 떨어지고, 갈피를 못 잡고 방황했다. 대입 준비 과정에서 이과에서 예체능으로 전공을 바꿨다가, 재수하면서 다시 문과로 바꿔서 공부했다. 대학에 입학은 했지만, 원하던 학교가 아니었고, 실패가 계속된다는 생각에 실망감도 커졌다. 아무것도 한 것 없이 20대 중반이 된 느낌이었다. 무기력했고, 그동안 모든 것이라고 믿던 세계가 무너졌으니 변화가 필요했다. 깔끔하게 공부를 포기했다. 내 인생에 다시는 공부는 없다고 선언하고 시험을 위한 공부는 하지 않았다. 사회를 이끄는 역군의 자리는 나보다 똑똑한 친구들에게 맡기고, 난 변태적인 삶을 살기로 결심했다. 불안한 마음을 안고 나에게 맞는 길을 찾아가기 위해 나름대로 노력했다. 무기력하고 늘 패배 의식에 사로잡혀 있던 내가 조금씩 변했고, 이렇게 살고 있다.

<u>가게를 열 때 주변에서는 뭐라고 하던가.</u>

아버지는 사업하시던 분이라 그런지 까짓것 한번 해보라고 하셨는데 엄마는 술집이라고 싫어했다. 그런데 엄청 강력한 반대라기보다는, 통상 부모와 자식이 나눌 수 있는 수준의 이야기를 나눈 것 외에 별다른 큰일은 없었다.

<u>술집을 여는 것만으로 목표가 다 이루어진 건가.</u>

아니다. 이 술집은 내 인생에서 꿈꾸고 있는 큰 계획의 일부다. 큰 계획이라는 것은 재밌는 공간을 여기저기에 많이 만드는 거다. 돈 때문에 하는 거면 진작에 그만뒀을 거다. 참프루의 술값이 다른 가게보다 훨씬 싼 데는 몇 가지 이유가 있다. 첫째, 내가 서투르니까 좀 봐달라는 뜻이 있다. 둘째, 술값이 싼 대신 나랑 놀아 줘야 한다는 이유가 있다. 서빙이 좀 느리고 서투르지만 나도 놀아야 하니까 적당히 넘어가 달라는 의미가 있는 거다.

여기서 가게를 하면서 내 인생에 도움을 주고 즐겁게 만들어 주는 사람을 많이 만났으니 일단 현재까지는 꽤 성공적이다. 사실 서울 번화가에 있는 술집이라는 게 콘셉트나 메뉴 구성이 서로 비슷하지 않나. 그런 데 가면 앉아서 술만 마시고 마는 건데, 난 거기서 큰 재미를 못 느꼈다. 여기는 찾아오는 사람들이 주인과 같이 놀면서 즐거울 수 있는 가게라는 콘셉트로 만들었다.

<u>이제야 '감성 커뮤니케이션 펍'이라는 콘셉트가 조금 이해가 된다.</u>

여기저기 여행할 때를 생각해 보면, 가장 즐거웠던 순간은 낯선 사람들과의 만남이었다. 여행지라는 곳이 주는 의외성이 평소에 만나기 힘든 사람도 만나 볼 수 있게 한다. 다른 삶을 사는 사람들을 만나 그들의 이야기도 들을 수 있고, 그들의 삶을 엿볼 수도 있다. 나는 그런 여행지의 특성을 지금 나의 가게로 옮겨 놓고 싶었다. 참프루라는 곳이 다양한 사람을 자연스럽게 만날 수 있는 공간이 되었으면 했다. 내 가게는 작기도 하고 큰 바가 공간의 대부분을 차지하고 있기 때문에 웬만하면 손님들이 나와 자연스럽게 대화를 하게 된다. 이렇게 나는 새로운 사람을 만나고 소통할 수 있는 거다. 또 내 자신이 그렇게 친해진 사람들을 서로 연결해 주는 매개체가 되기도 한다. 마치 여행지의 술집처럼 서로서로 자연스럽게 어울리고 소통하는 가게, 그것이 내가 원하는 가장 이상적인 가게의 모습이다.

<u>마음에 맞는 사람을 만나기 위한 요령 같은 게 있을까.</u>

마음이 맞는 사람들은 서로 비슷한 공간을 좋아하는 것 같다. 그러니 좋아하는 장소를 부지런히 다니다 보면 마음에 맞는 사람들을 많이 만나지 않을까. 노력하면 되는 일 같기도 하고 또 아닌 것도 같다. 일단 참프루를 찾아오는 손님 중에 특히 싫었던 사람은 없었다. 학교나 군대처럼 선택의 여지가 별로 없이 머무르게 되는 공간과 환경을 빼면 사람들은 결국 자기의 성향에 맞는 공간을 찾아가게 되는 것 같다. 나는 호주에 있을 때 이상하게 마음이 맞는 사람들을 많이 못 만났다. 호주는 보통 일하러 가는 사람들이 많은데, 그런 라이프 스타일이 나와는 맞지 않았던 것 같다. 결론적으로 사람을 만나는 일에 100퍼센트 우연은 없다고 생각한다.

<u>재밌는 공간을 만드는 작업의 최종 목표는 무엇인가.</u>

다음 가게를 차린다면 지금보다는 조금 더 상업적으로 해보고는 싶다. 그렇게 차근차근 시도해 나가면서, 다시 공간과 공간을 이어서 그 안에서 만들어지는 뭔가 새로운 재미를 사람들에게 선보이고 싶다. 그렇게 사람들에게 꿈과 희망을 줄 수 있으면 좋겠다.

가리지 않고 여러 가지 시도를 해보고는 있다. 책도 쓰고 싶고, 영화도 만들고 싶어서 독립 출판이나 독립 영화에 관심도 가져 보고 실제로 해보기도 했다. 최근에 친구들과 단편 영화를 하나 찍어서 선댄스 영화제에 내기도 했다. 무슨 대단한 자격이 돼서 낸 것은 아니고 그냥 아무나 낼 수 있으니까 밑져야 본전이라는 식으로.

<u>음식 관련 영화나 드라마 중에 소개할 만한 것이 있나. 지금 하는 방식에 영감을 준 것이 있다면.</u>

음식 관련된 영화나 드라마를 많이는 본 것 같은데 딱히 생각은 안 난다. 참프루에 영감을 준 것은 일본에 있는 참프루다. 음식이나 술 메뉴는 다르지만 그들이 가게를 운영하고 손님들과 자연스럽게 어울리는 방식이 보기 좋았다. 가장 인상 깊었던 부분은 돈을 받을 때 "항상 죄송하고 고맙습니다"라고 인사하는 모습이었다. 일본어가 모국어가 아니니까 정확히 어떤 느낌인지는 모르겠지만, 손님들에게 고마워하는 마음이 느껴지는 것 같지 않은가. 나도 그런 마음으로 운영할 수 있는 따뜻한 가게를 하고 싶었다.
그냥 오래전부터 있던 동네 구멍가게 같은 곳이 되고 싶었다. 처음에 가게 이름을 아예 '복덕방'으로 하고 싶었을 정도다.

동네사람들이 아무 때나 들렀다 가는 그런 편한 곳을 만들고 싶었기 때문이다. 참프루는 음식이나 술에 초점이 맞춰져 있는 가게가 아니라 사람에 초점을 맞춘 가게다.

퇴폐와 향락을 위해

> 다른 사람들에게 자기소개를 뭐라고 하나.

어디 가서 내 소개를 할 일이 딱히 없다. 술집 하니까 놀러 오라는 정도는 이야기하지. 개인적으로 자기소개라는 것을 별로 좋아하지 않는다.

> 그럼 이 기회에 스스로를 '이런 사람'이라고 한번 규정해 보자. 그게 아니면 어떤 사람이 되고 싶은지에 대해서 말해 보는 것도 좋겠다.

재밌는 세상을 만드는 사람이고, 그런 사람으로 남고 싶다. 굳이 사족을 붙이자면 약간 퇴폐적인 사람이 되고 싶다고 할 수 있겠다.

<u>어느 정도까지 퇴폐적인 사람이 되고 싶은가.</u>

향락이라는 단어가 머리를 스쳐 지나간다. 그런데 퇴폐의 정확한 뜻이 뭐지? 사실 뜻을 정확히 알기보다는 느낌이 적절한 것 같아서 쓰는 단어다.

<u>국어사전에는 '도덕이나 풍속, 문화 따위가 어지러워짐'이라고 나온다.</u>

그 정도면 괜찮은 거 같은데? 술집 주인이란 게 인류의 역사와 함께해 온 직업인데. '즐겁고, 적절하게 퇴폐적이고, 향락적인 공간을 만들어 사람들을 널리 이롭게 한다'라고 하면 어때 보이나? 요즘 사람들 너무 재미없다. 맨날 어디서 본 거 먹은 거 SNS에 올리는데 열중하고…… 그런 게 무슨 재미가 있나 싶다. 생각보다 사람들이 놀 제대로 된 장소가 없다. 그런 장소가 필요하다.

<u>취지는 알겠는데, 퇴폐와 향락의 수준을 조금 더 분명하게 설정할 필요는 있겠다.</u>

나쁜 것을 의도한 건 아니다. 호주를 예로 들자면 작은 시골

동네에 가도 여러 나라의 음식점들이 다 있더라. 사실 논다는 게 여러 가지 새로운 것을 경험하는 데서 시작하는 거다. 우리는 잘 노는 문화가 이제야 막 생기는 것 같다. 그러니 아직은 다양한 것을 못 경험해 보거나 새로운 것에 거부감을 느끼는 세대가 우리 사회의 다수를 차지하고 있는 셈이다.

사람들이 의외로 겁이 많다. 루프탑 파티라고 하면 뭔가 대단해 보이나? 여러 사람이 돈 모아서 하면 까짓것 뭐 별거 아니다. 드라마 같은 거 보면서 옥탑방에서 고기 구워 먹는 것을 로망처럼 말하면서도, 그리고 그럴 수 있는 장소가 꽤 많은 데도 막상 실제로 하지는 않잖아. 그러면서 뻔한 술집에 가서는 잘만 먹고 마신다. 그런 데 쓰는 돈 두세 번만 모으면 루프탑 파티도, 옥탑방 고기 파티도 할 수 있다. 겁이 많은 건지, 게으른 건진 모르겠지만 알아보지도, 생각하지도 않는 것일 뿐이다. 그러니 내가 좀 재밌는 공간을 많이 만들어 내서, 사람들이 거기서 놀았으면 좋겠다.

퇴폐와 향락이라는 차원에서, 술이란 것은 본인에게 어떤 의미를 가지고 있나.

그냥 마시면 좋은 거. 마음을 열기 쉽게 해주는 좋은 수단이 되는 것. 맛도 있고, 기분이 좋아지기도 하고.

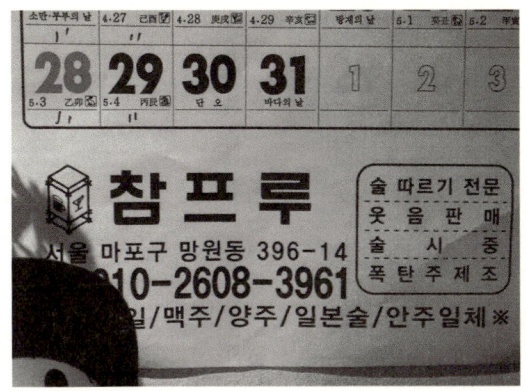

변익수 사장이 직접 제작해 손님들에게 나눠 준 참프루의 달력

특별하게 술 덕을 본 일이 있나.

덕까지 봤다고 하기는 어렵고, 술이란 '아주 정직한 것'이라고 생각하고는 있다. 술 먹으면 조는 사람이 있는데 그건 사실 졸린 시간에 졸지 않고 있다가 술을 마셔서 몸이 비로소 졸린 것을 깨닫는 것이라는 생각도 했다. 무슨 말을 하고 싶은 거냐면, 술은 당연한 것을 당연하게 할 수 있게 해주는 것일 수도 있다는 뜻이다. 그런 것이 술 덕이라면 덕이겠다.

그리고 술을 통해서 좋은 사람들을 많이 만났다. 모르는 사람의 이야기를 듣는 것도 꽤 재미있는 일이다. 나와 대화하면서 알게 되는 이야기들 못지않게 모르는 척 엿듣게 되는 손님들의 이야기들도 사실 꽤 재밌다.

가게에 있는 술은 다 본인의 취향대로 선택한 것인가.

기본적으로 바에 필요한 구색은 갖추고, 거기에 손님들이 특별히 주문하거나 내가 개인적으로 좋아하는 술을 구비해 놓은 것이다. 개인적으로 나는 크래프트 맥주를 별로 좋아하지 않는다. 뭔가 맛이 거기서 거기인 것 같은데 가격은 비싸니까. 때론 사람들이 술을 마시기보다는 브랜드를 마시는 것 같다. 예를 들면 '이거 마시면 좀 세련된' 느낌을 원하는 거랄까. 진짜 그렇게 맛있어서 사먹는 건지 의심스럽다.

본인은 언제부터, 왜 술을 좋아하게 됐나.

딱히 언제부터 술이 좋아졌는지 시점이 생각나진 않지만. 일단 술이라는 게 관대하지 않나. 이상한 짓거리만 안 하면 적당히 사고 좀 쳐도 넘어가 주고, 그런 게 좋았다. 그런데 사실 빨리 취하는 편이라, 술에 돈을 많이 쓸 필요는 없다는 것이 다행인 부분이다.

현재를 즐기자는 '욜로' 현상이 본인이 추구하는 퇴폐와 향락과 부합하는 측면이 있나.

한 번 사는 인생 즐겁게 살아야 한다는 차원에서는 욜로라는 트렌드는 좋다고 본다. 지금의 행복이 미래의 어떤 가치보다 중요할 수 있다고 생각한다. 하지만 대충 막 사는 거라면 반대다. 사실 내가 해왔던 선택들은 이상적인 욜로와는 조금 결이 다르다고 생각한다. 인생을 즐기며 멋있게 사는 게 아니라, 불확실한 미래를 기대하며 아등바등 살기보다는 물질적으로는 좀 갖추지 못하더라도 지금을 충실하게 즐기는 삶을 택한 것이 내 모습 아닐까. 이를테면 생계형 욜로 같은 거지.

나는 한국 사회가 요구하는 인재상과는 부합하지 않는 사람인 것 같다. 사람마다 성향과 성격 모든 것이 다른데 같은 방식으로 삶을 살아갈 수 없는 것은 사실 당연하다. 난 그냥 이러고 사는 게 편하고 좋은 사람인 것 같다. 주변에서는 내가 일도 많이 안 하고 자주 놀러 다니고 방탕하게 사는 것 같아 보이는지 막사는 욜로족을 생각할 때 나를 떠올리는 것 같기도 하다. 하지만 내 나름대로는 물밑에서 열심히 발차기를 하고 있다.

<u>전공을 살려서 공부를 더 했다면 지금 어떻게 돼 있을 것 같나.</u>

공부를 계속했으면 아마 '평범한' 회사원이 되는 길밖에 없었을 것이다. 내 성격상 조직 생활에 적응하지 못하고 패배자처럼 우울한 삶을 살고 있었을 거다. 워낙 똑똑한 사람들이 많고 시스템에 잘 적응하는 사람들이 많아서 그들을 이기면서 위로 올라갈 수 없었을 것 같다. 성격이 더러워서 그런지 내 일이 아닌 남 일 해주는 것은 더럽게 싫어한다. 회사라는 곳은 사실 그런 곳 아닌가.

<u>당장 내일 술집을 그만둔다면 뭘 하게 될 것 같나.</u>

여행을 갈 것 같다. 여행은 새로운 경험을 안겨 주니까. 전혀 다른 문화를 가진 나라에 가서 맛있는 음식도 먹고, 요리도 배우고, 영상도 찍고. 여러 가지 재밌는 일들을 해보고 싶다.

<u>자신의 기준에서 성공을 어떻게 정의 내릴 수 있나.</u>

나는 세속적인 사람이어서 대중적으로 유명해지고 싶다. 섹시하고 매력적인 사람이 되고 싶다. 그것도 성공 아닌가. 그

냥 유명한 정도 말고 섹시하고 매력적인 사람으로 유명해지는 것이 성공의 기준 중 하나라고 생각한다. 포털 사이트에서 인물 검색이 된다든가 사람들의 입에 오르내리는 그런 사람. 유명인이 된다는 것은 남들에게 본보기, 귀감이 될 수 있는 사람이 되는 것이라 생각한다. 나의 행동과 말이 사회에 좋은 영향을 미치는 사람이 내가 생각하는 유명인이다. 얼핏 보기에 좀 특이해도 '이런 사람도 잘살 수 있구나' 하는 모습을 보여 주고 싶다. 나 같은 사람이 늘어나면 한국 사회도 많이 바뀔 것이라고 생각한다.

<u>변익수의 성장 동력은 무엇일까. 또 성장을 막는 요소들은 무엇일까.</u>

끝없이 변화를 갈구하고 더 좋은 사람이 되기 위해 노력하는 것이 성장 동력이다. 사실 거창한 것은 잘 모르겠고, 그냥 돈 좀 벌어서 친구들한테 밥도 사고 부모님 용돈도 드리고 싶은 마음이다. 그걸 성장 동력이라고 거창하게 포장해도 되는지는 모르겠다. 한편으론 재미있게 살기 위한 전투적인 태도, 뭐 그렇게도 표현할 수 있겠다.

성장을 막는 것은 뭔지 잘 모르겠다. 남들보다 자유롭게 살았고 하고 싶은 거 어떤 식으로든 했던 것도 같으니까. 지금 당장 돈이 많으면 정말 좋겠지만 지갑이 궁한 것이 내 성장을 가로막는 요소는 아닌 것 같다.

<u>남의 방식을 따라 해서 잘하게 되는 것 말고, 자신만의 독보적인 방식을 창조하려면 어떤 조건이 필요할까.</u>

그런데 과연 세상에서 나 홀로 독보적일 수 있을까. 지금 내가 하고 있는 무언가가 인류의 역사 속에서 독보적이라는 것을 검증할 방법이 없다. 카피의 수준이 노골적이냐 아니냐 정도의 차이 아닐까. 참프루의 홈인샵이라는 구조도 궁여지책으로 짜낸 방식이지만 실은 동네 슈퍼마켓에서 이미 많이 하던 형태 아닌가.

노골적으로 베끼는 것을 옹호하고 싶은 마음은 없고, 베낀 것은 축적된 경험에서 나오는 소울soul이 없으니까 자연스럽게 없어질 것이라고 믿는 편이다. 이제 소비자들이 그런 곳에 가지 않는 정도의 안목을 키웠으면 좋겠다는 생각도 한다. 요즘 들어서는 사람들이 오리지널과 카피의 차이를 알고 취사선택을 잘하는 것도 같고.

<u>매일 가게 문을 닫을 때마다 무슨 생각을 하나. 혼자 일하는 것에서 오는 외로움이 크진 않나.</u>

가게가 집이니까, 가게를 닫고 조용해진 참프루를 보면 묘한 기분이 들 때가 있다. 방금 전까지만 해도 사람들이 모여서 웃고 떠들던 곳인데 문을 닫고 나면 온전히 나만의 공간으로 변하니까. 주체 못할 쓸쓸함 같은 것은 없는데 이 공간이 가지는 이중성 같은 것이 묘하게 느껴진다. 〈연극이 끝난 후〉 같은 노래의 가사를 보면 용도가 있는 공간이 그냥 비어 있거나, 원래 용도와 다른 목적으로 사용될 때 많은 사람들이 묘한 감정을 느끼는 것 같다.

하지만 나에게는 조용한 참프루가 더 익숙하다. 사람이 많이 들어오고 술 마시고 놀고 있는 것을 보면 오히려 기분이 묘해지고 낯설다는 느낌이 들 때가 많았다. 어릴 때부터 혼자 지내는 것에 익숙해서 그런지도 모르겠다.

<u>아직 경험하지 못한 것 중에 꼭 해보고 싶은 일이 있다면.</u>

우주에서 물 한잔 마셔 보고 싶다. 전혀 다른 공간이 주는 특별함이 있다고 생각한다. 그래서 사람들은 매번 다른 카페나 식당을 찾아가는 것이겠지. 나는 우주에 가서 물을 공중에 띄

워 놓고 날아다니면서 마셔 보고 싶다.

<u>다음 가게의 이름을 미리 지어 본다면.</u>

'MINE.' 이유는 길게 설명하지 않겠다.

'라르고(largo)'는 이탈리아어로 '아주 느리게'라는 뜻으로 악보에 사용되는 음악 용어다. 바쁘게 사는 사람들이 와인과 함께하는 시간만이라도 느긋하게 보냈으면 하는 하상우 사장의 바람이 담겨 있다. 서른 살부터 제2의 인생을 살기 시작했다는 하상우 본인의 삶을 투영한 말이기도 하다.

4 연남동 비노 라르고 ; 느리게 가는 삶

즐거운 손님과 함께, 즐기는 인간

비노 라르고 사장
하상우가 썼다.

라르고를 오픈하기 전인 2012년, 한 해 동안 나는 각기 다른 네 개의 명함을 파고 버렸다. 타고난 '이레귤러irregular'인 나는, 사회 경험을 하며 30대에 접어들면서 받는 만큼만 일한다는 생각을 굳혔다. 그러다 보니 더욱 '규격 외 인간' 취급을 받게 된 것 같다. 하지만 어쩌겠나. 내 인생이고, 내 삶인데. 거기다가 그때부터 내 마음을 사로잡은 슬로건은 '유희의 인간'이라는 뜻의 '호모 루덴스Homo Ludens'였다. 재미없는 것은 무의미했다. 그것은 아무것도 하지 않았거나, 하지 못했던 20대 시절에 대한 반항 내지는 반작용 같은 것이었을 수도 있겠다. 수년간 나를 지켜보던 친구는 내가 묻기도 전에 돈을 빌려줬고, 그런 상황들이 나를 이 작은 가게의 주인이 되도록 했다.

    사실 가게 오픈을 준비하면서 꽤 많은 시간을 흘려보냈다. 그러다 보니 목표 의식도 흐릿해지고, 가진 돈도 떨어지며 가게를 차리기 위해 모아 놨던 자금을 야금야금 썼다. 한량이라는 소리 듣기 딱 좋은 시절을 보내다가 아내의 불호령이 떨어져 다시 직장을 가지려 했고 지금 라르고와 같은 동네에 있는 한 가게 사장과 면담을 했는데, 원래 창업을 준비했다고 하니 "가게 망한다고, 인생이 망하는 거 아니지 않아요?"라고 부추기더라. 석 달 뒤 연남동의 한 빌딩 2층에 비노 라르고의 간판을 올렸다.

    살다 보니 한국 사람들처럼 바쁘게 사는 사람들이 없는

것 같다. 손님들이 가장 많이 묻는 질문 중에 하나가 라르고largo의 뜻이다. '아주 느리게'라는 뜻('느리고 풍부하게'라는 뜻이 숨어 있다)의 라르고는 초·중·고등학교 음악 시간에 배우는 말이다. 배우고도 곱씹을 시간이 없고, 입시나 스펙에도 상관이 없으니 이 쉬운 말도 시간이 지나 다시 되물을 수밖에. 바쁘게 앞만 보고 달려가는 사람들에게 나는 적어도 우리 가게에서만큼은 그 의미대로 시간을 보내고 가라고 부탁하고 있다.

라르고를 시작한 후 가장 크게 바뀐 것은 내가 하루의 온전한 주인이 되었다는 것이다. 내가 모든 것을 책임지는 만큼 경영의 스트레스는 받지만, 직장 생활의 스트레스보다는 덜한 것 같다. 덤으로 요리 실력이 엄청나게 좋아진다. 이런 독립술집 해보면 안다.

왜 와인이냐고 묻는다면 사실 특별한 이유는 없었다. 내 성격에 맞는 가게 이름을 정하고 나니, 자연히 와인으로 품목이 정해진 셈이다. 소주방 라르고, 맥주방 라르고는 좀 이상하지 않나. 무엇보다 마시면 즐거운 술이 좋은데, 소주는 너무 진하고 머리가 아프며 종류가 극히 적었고, 맥주는 가볍고 다양하지만 나의 조예가 너무 짧았다. 그리고 와인의 미감이 좋았다. 어렵지만 재밌기도 하고.

라르고가 꿈꾸는 미래는 살롱이다. 사장인 내가 주도하지 않아도 누구나 와서 얘기 나눌 수 있고, 벗을 만들 수 있는 공간. 그러다 보면 라르고를 오가던 손님 중에 대문장가나 정치인, 시인이 나올지도 모르는 것 아닌가. 혹은 아니어도 상관없다. 살아가는 것 자체가 대단하니까. 사람은 로망이 있어야 행복하게 사는 거다. 이 모든 것이 '느리고 풍부하게' 사는 것에서 시작한다고 믿는다. 언제까지 이 가게의 사장으로 살지는 신과 건물주만이 알겠지만 나는 끝까지 즐겁고 즐기는 삶을 살 것이다. 가게를 찾는 즐거운 손님이 많아지길 꿈꾸며.

인터뷰

비노 라르고 사장 하상우

서른에 걷기 시작한 느린 길

<u>가게를 열기 전에 어떤 삶을 살던 사람인가.</u>

내가 올해 마흔인데, 서른 이전까지는 솔직히 대책 없는 학생 백수였다. 그러다가 스물아홉 살에 학교에서 제적을 당했다. 나는 신학을 공부한 사람인데, 솔직히 학교를 졸업하고 싶지 않았다. 소위 말하는 믿음이 깊지 않은 부류였고, 시간이 갈수록 내가 믿지 않는 것을 사람들에게 믿으라고 하는 것이 잘못됐다고 생각했다. 가짜 약 파는 약장수 같은 사람이 되고 싶진 않았다.

<u>신학을 공부한다는 것은 결심이 없으면 안 되는 일 같은데, 그렇게 별 고민 없이 신학을 선택할 수도 있나.</u>

그냥 교회에 잘 다녔고, 교회 생활이 그럭저럭 맘에 들었다. 다만 종교가 진리에 가깝다는 그런 느낌이 들진 않았다. 목사님한테 이런 고민을 털어 놓으니, 신학을 공부하면 더 알 수 있을 거라고 해서 공부를 하게 됐다. 햇수로 10년 공부를 했는데, 역시 모르겠더라고. 그래서 이 정도면 됐다 싶어서 그만두게 된 것이다. 내 친구들 중 절반은 목사다. 친구들한테

나는 이제 굉장히 껄끄러운 사람이다. 만나면 자꾸 교회를 신랄하게 비판하니까.

<u>오래 공부한 것을 그만두고 다른 길을 간다는 게 쉬운 결정은 아니었겠다.</u>

나는 철학이나 고고학 같은 것을 하고 싶었는데 어머니께서 그런 공부를 하면 밥 못 벌어먹는다고 했다. 지금 생각해 보면 좀 후회스럽다. 그때 내가 조금만 더 강단이 있었으면 내 의지를 관철해서 멀리 돌아가는 인생을 살 필요가 없었을 텐데. 그나마 서른 되면서 정신을 좀 차려서 내 의지대로 살게 된 것이 다행이다. 사람들이 '언제로 돌아가고 싶냐'고 물어보면 나는 서른 즈음이라고 답한다. 부모님과의 갈등, 학업에 대한 고민 등으로 점철된 서른 이전의 시간들로는 굳이 돌아가고 싶지 않다. 부모님 입장에선 말 잘 듣던 아들이 어느 순간 이상해진 거다. 술 안 먹던 애가 아예 술을 팔고 있고, 교회에 열심히 나오던 아이가 식구들 중에 유일하게 교회를 안 나가게 됐다. 내 인생에 그렇게 반전이 온 거다.

<u>신학을 공부하는 내내 고민, 의심과 싸우는 시간들을
보낸 것인가.</u>

그렇지. 20대 때는 놀고 싶고 여자도 만나고 싶고 그런 거 아니겠나. 그런데 교회를 다니는 사람에게는 특히 성에 관한 것, 그게 다 음란이고 죄악이라는 거다. 그러니까 나한테 그런 식의 '음란한 생각'이 생기면 그걸 회개해야 하는 구조다. 그런데 이게 쳇바퀴잖아. 회개한다고 해서 생각이 영원히 사라지는 것은 아니다. 그런 과정이 반복되면서 소위 '멘탈 붕괴'가 왔다. 지금 생각해 보면, 당연한 이야기겠지만 그건 죄가 아니다. 그냥 자연스러운 거지. 따지고 보면 성경에도 없는 말로 사람의 본성 같은 것을 억누르는 부분도 있는 것이 사실이다.

<u>지금 술집을 하는 것과 20대의 경험들 간에 연결 고리
가 있나.</u>

꼭 그런 건 아니다. 학교가 재미없으니 휴학도 많이 했고, 그 사이에 이런저런 일도 좀 했다가 여행도 다니고 그랬다. 서른 넘어서도 여행 다니는 것이 좋았는데, 여행 도중에 지금의 아내를 만났다. 아내랑 이런저런 구상을 하다가 그래도 내가 소질이 없는 것은 아니다 싶어서 요식업을 해보는 건 어떨까, 하는 결론에 도달했다.

<u>처음부터 본인의 가게를 열겠다는 마음이었나.</u>

처음에는 내 가게를 연다는 생각보다는 일단 나가서 일을 해본다는 생각이 컸다. 그래서 웬만큼 규모가 있는 체인점에 들어가서 일도 해보고 그랬다. 그런데 한국의 조직 문화라는 것이 어디나 비슷한 건지, 100의 자원이 필요한 곳에 15 정도 던져 주고 맞추라고 하더라. 그래서 어찌어찌 맞추면 그다음 달에는 10 정도만 준다.

그때는 또 투덜거리면서도 거기 맞춰서 해줬다. 해주다 보니까 어느 순간 이건 내 생명을 깎아 먹고 스스로의 가치를 낮추는 행위라는 생각이 들었다. 그때부터 주는 만큼만 하자고 마음을 바꿔 먹었다. 마음을 바꾼 뒤로는 가는 데마다 회사랑 싸우게 됐다.

<u>주는 만큼 한다는 것을 정량적으로 측정할 수는 없는 것 아닌가. 어찌 보면 설득력을 얻기 어려운 말일 수 있는데.</u>

요식업이라는 것이 서비스업인데, 서비스가 제대로 되지 않는 매장은 사람들이 오지 않는다고 생각했다. 주는 만큼 한다는

것은 월급의 의미도 있지만 회사가 매장에 어느 정도의 투자를 해주느냐의 의미도 있다. 사람이 필요하면 사람을 배치해 줘야 하는데 2.5명, 3.5명식으로 인력을 배치하는 거다. 도대체 0.5명이 물리적으로 어떻게 가능하냐고 물어보면, 점장인 나 혼자서 두 매장을 담당하면 된다는 설명이 돌아왔다. 그런 환경에서는 일을 잘할 수 없다고 했더니 나한테 섭섭하다고 하더라. 그러면 그 회사에선 나올 수밖에 없는 거지.

<u>그래서 '그냥 내가 직접 해야겠다'고 결심한 것인가.</u>

회사 생활에 실패하고 멍하게 지내는데 친구가 나보고 직접 가게를 차리라면서 돈을 빌려주겠다는 이야기를 했다. 그렇게 시작하게 됐다.

<u>친구가 빌려준 돈 외에 초기 비용은 어떻게 감당했나.</u>

당연히 빚을 냈고 여전히 빚을 갚아 나가고 있다. 지금의 수입이라고 하는 것은 용돈벌이 수준이지 이걸로 내가 엄청난 미래를 계획하기에는 어려움이 좀 있다.

<u>연남동이라는 핫 플레이스에서 꽤 오래 장사를 했는데도 그런가.</u>

오픈하고 4년 내내 계속 이런 식이었다. 그냥 내가 내 돈 내고 노는 느낌이랄까. 그보다 큰 문제는 혼자서 일하다 보니까 쉴 수가 없다는 것이다. 여행을 가고 싶어도 당장 가게를 봐줄 수 있는 사람이 없으니까. 영업 측면에서 보면 새 돌파구를 찾아야 한다는 생각은 하지만 그동안 지친 것도 있고 해서 당장 다음 스텝을 생각하기는 어려운 것 같다.

<u>이런 형태의 장사를 계속한다는 목표는 분명한가.</u>

조금 휴식을 가진 뒤에 제대로 된 살롱 문화를 만들기 위한 작업을 하고 싶은 마음이 있다. 그러려면 새로운 뭔가를 배워야 할 필요도 있다. 살롱 문화라는 게 단순히 술만 마시는 공간이 아니고 그 공간 안에서 문화를 같이 즐길 수 있는 개념이기 때문이다.
외국에서 시작한 문화는 맞는데, 우리도 우리 식으로 적용이 가능한 개념이다. 당장 일본에는 살롱 문화가 이미 오래전부터 자리 잡고 있다. 한국에서는 '살롱'이 '싸롱'으로 바뀌어서 이상해진 면이 있는데 원래는 그렇게 퇴폐적이고 유흥적

인 개념이 아니다.

> 한국 사람들이 문화를 충분히 즐기지 못하고 있다고
> 생각하는가.

일단 가게 이름이 라르고인 이유도 다들 너무 바쁘게 사니까 여기서라도 느리게 시간을 보냈으면 좋겠다는 생각에서다. 문제는 사람들이 라르고라는, 초등학교 때부터 배운 음악 용어를 몰라서 나한테 자꾸 물어본다는 거지. 그만큼 요즘 사람들이 너무 각박한 환경에서 살고 있는 것 같다. 한국 사회에선 툭하면 일을 전투에 비교한다. '취업 전쟁'이라는 말을 아무렇지도 않게 쓰고 있다. 뭔가를 죽여야 살아남는 환경이라면 낭만이 없는 삶을 살 수밖에 없을 것 같다.
손님들, 특히 젊은 손님들에게 늘 조금 더 놀아 보라고 말해 준다. 내 어머니는 산업화 세대여서 그런지 몰라도 "너 지금 그렇게 살면 나중에 늙어서 어떻게 할 거냐?"고 자꾸 물어보신다. 나는 그럴 때마다 "내가 언제 죽을지 모르기 때문에 지금이 제일 중요하다"고 답한다.

<u>알 수 없는 미래보다 당장 오늘을 충실하게 살자는 주의인가.</u>

내가 지금 50대 이후의 삶을 대비해서 돈을 모은다고 해봐야 막상 50대가 넘어가면 그게 나에게 어떤 의미가 있을까. 물론 완전히 소모하면서 사는 것도 좋진 않겠지만, 10년 내지 20년 후라는 정말 올지 안 올지 모르는 미래에 지나치게 얽매여 살지 말자는 생각이다. 신학을 계속 공부했으면 결혼도 훨씬 빨리 하고, 교회 목사가 되어 있었을 것이고, 아마도 아이도 생겨서 이미 열 살 가까이 되었겠지. 나는 그 트랙에서 진즉에 내려왔지만 그래서 내가 무슨 불치병에 걸린 것도 아니고 사회적 취약 계층 내지는 범법자가 된 것도 아니다. 그냥 남들과 똑같은 수준으로 살아가는 보통의 사회인일 뿐이다. 그래서 나는 20대 젊은이들이 조금 놀았으면 좋겠다. 그때 경험할 수 있는 것들을 놓치고 산 것이 가장 후회스럽다. 한편으론 서른부터라도 놀아서 다행이다 싶기도 하다.

<u>성격이 계획적인 편은 아니라고 해도, 또 마냥 늘어지고 그러지도 못하는 것 같다.</u>

아니다. 굉장히 게으르고 무책임한 성격이다.

<u>그런 성격이 본인 인생에 어떤 도움이 됐을까.</u>

성격이 인생에 도움을 줬다 안 줬다고 말할 수는 없다. 나는 그렇게 태어났고 그 성격을 가지고 계속 살아야 하는 거니까. 다만, 고등학교 졸업 때까지 꽤나 내성적이었다. 굉장히 비관적이었고, 교회 외 다른 곳에서는 사람들 앞에 나서는 행동은 절대 할 수 없는 사람이었다. 신학 공부 등 인생에 대한 관점이 바뀌는 경험을 몇 번 하면서 성격도 좀 바뀌더라.

와인 '식당' 라르고

<u>간판에 '와인 식당'이라고 적어 놨다. 바가 아닌 식당이라는 단어를 선택한 특별한 의미가 있나.</u>

손님들이 좀 더 편하게 생각할 것 같았다. 그냥 들어와 편하게 술과 음식을 드시라는 생각에서 그렇게 썼다. 예전에는 손님들이 뭐가 먹고 싶다고 하면 메뉴에 없는 것도 만들어 줬다. 어차피 혼자서 하는 가게니까 그런 부분은 좀 편하게 운영했던 측면이 있었다. 우리 가게의 바는 주방과 홀의 경계선일 뿐이다. 주방에서 뭐 숨길 것도 없고, 이렇게 해야 나도 편하게 손님들하고 대화를 하니까 그렇게 만든 거다.

하상우 사장이 만들고 쓴 비노 라르고의 입간판

가게 인테리어나 콘셉트도 혼자서 결정했나.

그렇다. 여기저기서 봐둔 것들 중에 좋아 보이는 것들을 적용해 봤지만, 결론적으로는 깔끔한 게 좋아서 지금의 모습이 됐다. 내가 가게를 열 때 인테리어 전문가들을 불러서 기획하고 돈 들일 수 있는 여건이 아니기도 했다.
왕십리역 공사나 홍대에 공항철도 공사할 때 나도 가서 막노동을 했다. 일하면서 전기 설비 같은 걸 배웠는데 가게 오픈을 하면서 써먹었다. 오픈할 때 1500만 원 정도 있었는데, 그 돈으로 오픈할 수 있었던 이유가 인테리어 공사를 내가 어느 정도 할 수 있었기 때문이다. 일단 기본만 갖춰 놓고 아무것도 없이 문 열어서 한 달 정도 하면서 천천히 자리를 잡았다.

<u>준비하는 과정에서 제일 어려웠던 점은.</u>

장소 찾는 것이 제일 힘들었다. 사실 여기도 완벽하게 마음에 들진 않았다. 일단 2층이라는 위치가 별로였는데, 준비한 돈은 적었고 가게는 열기로 마음을 먹었으니 한번 해봐야겠다는 생각에 결심한 거다.

<u>와인 공부나 메뉴 개발 과정에서 특별히 난관에 부딪히진 않았나 보다.</u>

오픈하고 2년여 지난 뒤부터 와인에는 기본적 구성에 큰 변화가 없는데, 음식 만드는 실력은 오픈 초기와 비교하면 차이가 많이 난다. 그만큼 연구도 많이 했고 처음보다 더 쉽게 접근은 하지만 결과는 더 좋은 상황이 됐다.
예전에는 세 팀이 연달아 들어오면 요리가 한 시간 이상 걸리기도 해서 맨날 '죄송합니다'만 연발했다. 죄송한 마음에 서비스를 드리려고 하다가 그거 만든다고 또 시간을 쓰는 악순환이었다. (웃음) 그런 수준의 아주 초보적인 문제가 있었다.

많은 술 중에 와인을 선택한 이유가 뭔가.

나는 종교적인 이유로 술이라는 것을 서른 살 때부터 본격적으로 마셨다. 소주는 너무 몸을 힘들게 하고, 맥주는 좋아하긴 하는데 내가 섬세하게 접근할 정도로 좋아한 건 아니었다. 장사만 생각하면 소주 팔아서도 장사는 잘할 수 있겠지만 너무 취한 사람들이 싫기도 했다. 와인 마시고 만취해서 난동 부리는 손님들은 상대적으로 적지 않나. 칵테일을 팔까도 생각해 봤지만 술 마시는 데 손이 너무 많이 가는 것도 싫고, 칵테일은 바텐더의 실력에 따라 맛이 크게 좌우되는데, 여기서는 내가 다 만들어야 하니까 경쟁력이 떨어진다고 판단했다. 술집 말고 카페 오픈을 생각하기도 했다. 그런데 SWOT(강점 strength·약점weakness·기회요인opportunity·위협요인threat) 분석을 해보니 커피는 레드오션 중에 레드오션이더라. 초기 투자비용도 너무 과하다. 커피는 에스프레소용 머신을 들여놓는 데 일단 목돈이 깨진다. 중고로 해도 1000만 원 가까이 드는데 신품을 쓰면 2000~3000만 원이 들어간다.

와인을 고를 때 제일 중요한 기준은 뭔가.

가격을 빼놓고 말하자면 코르크 따자마자 먹어도 맛있는 것이 좋다. 손님들도 요즘 와인에 대한 공부를 많이 해서 '무겁고, 드라이하고' 등의 표현을 쓰면서 와인 종류를 따진다. 물론 그런 와인도 구비해 놓긴 하지만, 나는 마시기 쉬운 와인을 선호해서 가게에도 그런 와인을 많이 가져다 놓으려고 한다. 직관적인 와인들. 어렵거나 복잡하지 않고 캐릭터가 선명한 것으로. 그리고 가게 특성상 비싼 와인을 들여다 놓기는 좀 부담스럽기 때문에 가격도 중요한 고려 사항이다. 보통 가격대가 4만 5000원에서 6만 5000원이면 입문용 와인이라고 할 수 있지만, 아직은 이 정도 와인도 싸다는 소리는 못 듣고 있다. 그러니 코르크 따서 먹자마자 바로 맛있는 와인을 가져다 놓는 것이 손님들에게 어필하기 좋은 측면도 있다.

<u>요즘에는 더 싼 와인도 많은데 4~6만 원 사이의 와인이 입문용이라는 게 잘 와닿지 않는다.</u>

와인이 일정 수준의 품질 기준을 충족시키지 못하면 오히려 와인을 질리게 만든다고 생각한다. 최근에 저렴하게 와인을 파는 가게가 생겼다고 해서 가봤는데 제일 싼 와인이 1만 5000원 정도였다. 그러면 매입 원가는 4000~6000원 정도 할 텐데, 그런 와인은 개인적으로 소주랑 크게 다를 바 없다고 생각한다. 나는 가격으로 손님들에게 어필할 수 있다는 이유로 지

나치게 낮은 품질의 와인을 팔고 싶지는 않다.

<u>그렇다면 이 가게가 무조건 편하게 먹을 수 있는 가게는 아닐 수도 있겠다.</u>

와인에 대해서는 아직 소비자들의 눈이 너무 낮은 것이 사실이고, 가게를 하면서 그런 부분을 좀 개선하고 싶은 마음이 있었다. 좋은 가게가 되겠다고 콜키지corkage를 안 받던 때가 있었는데, 그렇게 하니까 손님들이 들고 오는 와인이 오는 길에 사오는, 편의점에서 아무렇게나 보관되던 싸구려 와인 같은 거였다. 사실 선물로 받은 와인이나 집에서 마시기엔 분위기가 나지 않는 좋은 와인을 가게에서 드시라는 의미였는데. 비슷한 상황이 자주 반복되니까 당황스럽고 화가 나더라. 그래서 이제는 콜키지를 받고 있다. 그랬더니 콜키지를 받는다며 면전에서 "나쁜 가게네!"라고 한 손님도 있고. 마음이 복잡하다.

<u>본인의 인생에서 술이 어떤 의미를 가지고 있나.</u>

술이란 사람을 편하게 만드는 좋은 것이지. 예전에 가게에서 파티를 열었는데 춤 좀 추자고 그래도 사람들이 뻣뻣하게 눈치만 보더라. 테킬라 한 병을 풀었더니 그다음부터는 노래 부

르고 춤추고 난리가 났다. 술이라는 게 그런 거다.

오늘의 기분이나 어떤 장소의 분위기에 따라 다른 술을 마실 수 있다는 것도 좋은 점이다. 기분 나쁘거나 우울하면 소주, 땀 흘리고 나서는 맥주, 이런 식으로. 술에 의지하는 거 아니냐고 할 수도 있겠지만 어색한 사람들과의 관계를 부드럽게 만들거나 기분을 달래는 데 술만 한 것이 없는 것도 사실 아닌가.

<u>라르고를 주로 찾는 손님들의 공통점이 있나.</u>

30대에서 40대 초반 사이의 연령대이고, 시끄러운 장소나 사람 많은 곳보다는 조용한 가게를 선호하는, 나만의 아지트를 찾는 사람들이라고 할 수 있겠다. 아무래도 20대나 사회 초년생들은 와인을 마시는 것이 아직 익숙하지 않은지 우리 가게를 잘 찾진 않는다. 동네가 동네인 만큼 50대 이상의 손님들도 거의 없고.

<u>지금 서울에서 살고 있는 30~40대와 이야기하면 어떤 느낌을 받나.</u>

빼딱한 사람들? (웃음) 다만 좀 긍정적으로 빼딱한 사람들인 것 같다. 사회를 기본적으로 비판적으로 바라보고 쉽게 환경

에 순응하고 싶어 하지 않는 사람들이랄까. 한국 사회에 염증을 많이 느끼고 반항적인 마인드를 가진 면도 있는 것 같다. 내가 뭘 계획한 것도 아닌데 대체로 비슷한 정치 성향의 손님들이 모여드는 것 같아서 신기할 때가 있다.

<u>그런 성향이 본인이 원했던 손님들의 부류와 부합하는 편인가. 아니면 원하는 손님의 타입이 따로 있나.</u>

바에 앉아서 몇 마디 해보면 나와 손님이 맞는지 안 맞는지 금방 파악이 된다. 특별히 어떤 사람들을 원한다기보다는 말이 통하는 사람이면 되는 것 같다. 내가 좀 삐딱한 시선을 가지고 사는 사람이라서 그런지 지나치게 튀는 손님은 불편할 때가 있긴 하다. 정치적으로는 좀 리버럴한 사람들이 좋은 것 같고, 주의·주장이 너무 강하거나 음담패설이 지나쳐서 다른 손님에게 불편을 주는 손님은 싫다. 만취한 손님도 싫고.

<u>요즘 '먹는 것'이 트렌드가 됐다. 젊은 요리사들이 방송에 나와서 유명해지고 돈도 잘 버는 것을 보면 부럽지 않은가.</u>

자기 인생에 투자한 거니까 열매를 수확하는 것은 당연하다.

다만 우리나라 소비자들이 맛에 대한 변별력이 좀 없는 것 같다. 방송에 나오면 무조건 맛있는 집이 되어 버리는 현상이 아쉽다. 먹는 것이 트렌드이긴 한데 사람들이 음식을 입과 코로 먹지 않고, 눈과 귀로 먹는다. 하루를 망치는 가장 쉬운 방법은 맛없는 음식을 먹고 마시는 거다. 그런 음식을 돈 받고 파는 음식점들은 나쁜 거다. 그리고 나는 요리가 내 업이라고 생각하진 않으니까 다른 요리사들을 부러워할 필요는 없다.

<u>그렇다면 어떤 꿈을 꾸고 있나.</u>

당장 딱 떨어지는 말로 표현하긴 어렵다. 나는 10대부터 20대 후반까지 교회의 울타리 안에서 지낸 사람이다. 그래서 세상을 보는 눈이 조금 편협하다. 여전히 그 울타리 안에 있는 친구들보다는 사회를 많이 겪었지만 여전히 어리숙한 편에 속하는 것 같은 느낌이 있다.

영화감독 김지운이 책, 영화 많이 보고 여행 다녔던 것이 자신의 창작 활동의 원동력이 됐다고 말한 것을 본 적이 있다. 요즈음의 우리 세대는 그런 것을 거의 하지 못하는 삶을 살고 있지 않은가. 김지운의 방식이 너무 부러웠다.

여행하면서 제일 싫은 순간은 이동을 위해 짐을 싸는 것이다. 마음에 드는 도시가 있으면 한 달, 두 달씩 지내는 것이 좋더

라. 모르는 사람들이랑 모여 지내면서 알게 되고 밤새 노래도 부르고 그런 삶을 길게 살아 보고 싶다. 40년을 서울에 살았는데도 아직 모르는 곳이 많다는 것은 좀 웃기는 일이다. 지금보다는 조금 느리게 가는 삶을 만들어 보고 싶다.

행복은 선택하는 것

<u>연남동을 선택한 이유는 뭔가.</u>

일단 내가 망원동에 사니까 집하고 가까운 곳에 가게를 차리고 싶었다. 그런데 망원동에서는 와인을 못 팔 것 같았다. 4~5년 전 망원동이라고 하면 서울에서 가장 가난한 동네 중에 하나 정도였지 지금처럼 핫 플레이스는 아니었다. 나름대로 입지를 정하면서 SWOT 분석 같은 것을 해보면, 망원동에 와인 바가 들어갔을 때 유리한 점이 하나도 안 나오는 거지. 위험 요소나 약점만 잔뜩 나오고.

다른 장소를 알아보려고 망원동, 연남동, 연희동 일대에서만 70여 군데를 다녔다. 그러다가 여기가 화장실이 잘 구비돼 있어서 매우 마음에 들었다. 2층이라는 점만 빼면 공간 자체도 그리 나쁘지 않았고.

처음 여기 왔을 때 주변 분위기는 어땠나.

그때만 해도 연남동이 지금처럼 뜬 동네는 아니었다. '연트럴 파크'라고 불리는 공원도 없었을 때니까. 지금보다 상권이 작았다. 그때는 동네 주민들도 오랫동안 토박이처럼 살았던 사람들이 많았다. 요즘은 상권의 성격도 외지인들이 찾아오는 분위기로 바뀌었고, 동네 주민의 구성도 좀 바뀐 것 같다. 여기 들어올 때 내 생각은 경쟁할 만한 가게들이 별로 없으니 할 만하겠다는 느낌이었다.

비노 라르고의 인테리어. 구상부터 시공까지 하상우 사장이 직접 했다.

<u>당시 망원동과 비교했을 때 그런 점이 유리했나.</u>

당시 망원동은 상권을 따지기도 어려웠다. 그리고 여기가 아무래도 홍대 메인 상권하고 더 가까운 점도 있었고. 내가 가게를 내고 4년이 지난 지금에서야 망원동이 연남동과 비슷한 수준으로 상권이 올라왔다. 지금부터 또 4년 뒤에 망원동이 어떻게 될지 미리 가늠해 볼 수 있는 부분이다. 지금 망원동이 여기보다 좀 더 좋아 보이는 느낌은 동네가 아직 새것이기 때문이다. 연남동은 이제 소비 위주의 동네가 되어 버렸다. 골목 사이사이 원주민들이 살다가 떠난 자리에 가게들이 많이 생겼고, 예전의 분위기와는 너무 다른 동네가 되어 버렸다.

<u>4년이면 연남동에서는 꽤 장수한 가게 아닌가.</u>

비노 라르고 들어올 때 주변에 있던 가게들 중에 남은 가게가 별로 없다. 아니, 거의 없다.

<u>젠트리피케이션의 위협을 느끼진 않나.</u>

어찌됐든 나도 여기서 계속 장사를 하는 건 이제 무리인 것 같다. 공급이 수요를 넘어선 동네가 된 지 이미 한참 됐고, 동

네 구조도 좀 바뀌었다. 위치로 보면 동진시장과 경의선 철로에 만든 공원이 양지가 됐고, 그 가운데 낀 이 장소는 약간 음지처럼 되어 버렸다. 가게 근처 공실 중에 아직 계약이 안 된 곳들이 꽤 있다.

부동산 업자들도 문제다. 건물주한테 전화해서 가게 함부로 주지 말라고, 더 비싸게 받을 수 있다고 부추긴다. 건물주야 돈 더 받아 준다는데 누가 싫어하겠나. 그렇게 건물주와 입주 희망자들이 서로 눈치만 보고, 힘겨루기 같은 것을 하는 사이에서 부동산에서는 장난을 치고, 그러면 상권은 이상해지는 거다.

<u>결국은 소비자들이 움직이니까 그런 장난도 통하는 것 아닐까. 사람들은 왜 익숙한 것을 간직하기보다 자꾸 새로운 것을 찾을까.</u>

한국 사람들이 유난히 새것에 대한 집착이 강한 것 같다. 또 새로운 것을 봤다는 것에 대한 인증 욕구도 엄청 강하다. 그러면서도 실패에 대한 두려움이 크니까 남의 시선과 생각에 자꾸 의지하게 되는 모순적인 현상도 있다.

새로운 동네를 찾는 것도 비슷한 이유 같은데, 정작 남들에게 의지하지 않고 새로운 것을 추구해서 먼저 자리 잡은 사람들은 나중에 몰려온 사람들에게 밀려나고 있다. 그렇게 자꾸 자신만의 개성이나 자생력이 없는 가게들과 소비자들이 늘어나는 악순환이 반복되고 있다.

<u>가게를 언제까지 할 계획인가.</u>

여기서는 앞으로 1년 정도 더 할 수 있을까. 그다음 계획은 정리하고 난 뒤에 생각해야지. 예전에는 뒷일에 대한 두려움이 없었는데 이제 나이를 좀 먹어서 그런가, 자꾸 뒷일을 생각하게 되더라.
그래도 분명한 것은 나는 이제까지 미래를 구체적으로 계획하고 살아온 사람이 아니라는 것이다. 신학 공부를 포기하게 될지, 여행지에서 아내를 만나서 결혼하게 될지 아무것도 모르고 살았다. 인생은 정말 모르는 거니까 어떤 기회가 오면 주저하지 말고 잡아야겠다는 생각은 강하게 든다.

<u>어디로 옮길지 생각해 둔 곳이 있나.</u>

일단 쉬어 봐야 알겠지만, 서울에서는 새 가게를 오픈하지 않을 것 같다. 문화촌을 만들거나. 어디 그런 게 있다면 들어가서 지내보고 싶다. 예능 프로그램 중에 〈삼시세끼〉 같은 삶을 사는 사람들이 많이 모인 동네 말이다. 모여서 같이 시도 읊

고, 노래도 부를 수 있고. 속마음으로는 서울을 떠나서 그런 형태의 삶을 살아 보고 싶은데. 언제가 됐든 여기를 정리하게 되면 알 수 있겠지.

> 이런 가게를 차리고 싶어 하는 사람들은 여전히 많다. 하지만 실제로 하는 사람은 많지 않다. 실행을 하는 사람들과 그렇지 않은 사람들의 차이는 뭘까.

용기의 차이겠지. 내 경우에는 객기일 수도 있겠다. 가게 준비가 길어지면서 오픈이 불투명해졌던 때가 있었다. 일단 일이나 해야겠다 싶어서 이 근처 다른 식당에 면접을 보러 갔다. 거기 사장이 나보다 어린 사람이었는데 그동안 뭐 하고 살았는지를 묻더라. 가게 하려고 알아보다가 잘 안 돼서 지금 일자리 구하러 나왔다고 하니까 "그 가게 망한다고 인생 망하는 거 아닌데 오픈하면 어때요?"라고 되묻더라. 집에 돌아가서 아내랑 술 한잔하면서 다시 한 번 시도해 보자고 결심했다. 그 사장은 그래 놓고 다음 날 전화 와서 언제부터 출근할 거냐고 묻더라. (웃음)

<u>바깥에 본인 소개를 할 때 뭐라고 하나.</u>

술집 작은 거 하나 하고 있다고 한다. 이게 대단한 일은 아니지만 부끄러운 일도 아닌 거 같고, 그냥 사장이라 불리거나 내 이름으로 불리거나 그러면 된다.

<u>사업을 키울 욕심은 없나.</u>

키울 수 있다면 키우는 게 좋지만, 금전적인 것보다는 재미를 먼저 추구하고 싶다. 내가 재미있고 남들도 재미를 느껴서 결과적으로 그게 트렌드이고 문화가 될 수 있는 뭔가를 찾는 게 좋다. 나는 태생적으로 마이너, 비주류 문화 같은 것을 좋아하는데 그런 게 빛나는 시절이 왔으면 좋겠다. 그렇다고 '덕후'가 될 정도로 무엇에 열심이진 않고.

<u>본인이 지금까지 추구해 온 방식을 다른 사람한테 권할 수 있을까.</u>

나는 "같이 하자"고 얘기하고 싶다. 나는 남들에게 이렇게 저렇게 해보라고 하는 것 자체를 좋지 않다고 본다. 100퍼센트 결과를 보장해 주지 못한다면 함부로 권유해서는 안 될 것 같

다고 생각해서다.

<u>지금까지 살아온 방식을 유지하고 싶어서 지키거나 포기해 온 중요한 가치가 있나.</u>

대단한 것은 없다. 그저 오늘이 즐거워야 내일도 즐거울 수 있고, 언제 죽을지 모르니까 지금 당장 좋아야 한다고 생각하고 살았다. 사람은 지금 한순간 한순간을 사는 존재인데 너무 많은 사람들이 알 수 없는 미래에 묶여 있는 것 같다. 미래에 대한 보험이 어느 정도 필요는 하지만, 너무 얽매이는 것 같다. 누가 나한테 "행복은 찾아오는 게 아니라 선택하는 것"이라는 말을 해줬다. 사람들이 현실에서 잡지 못하는 행복을 소망하고 비교하니까 더 힘들어지는 거라면서. 그런 차원에서 나는 행복한 삶을 선택한다고 말하는 거다.

김슬옹 사장은 디자인 회사를 다니다 사표를 내고 부암동에 꽃집을 차렸다. 낮에는 꽃, 밤에는 술과 오뎅을 팔던 부암동 공간을 2017년부터 통의동 '보안 1942'로 옮겼다. 온도, 음악, 공간이 아우러져야 제대로 술을 마실 수 있다고 생각한다. 주인의 아이덴티티가 풍기는 공간을 만들고, 그곳을 찾는 사람들과 함께 공기를 채워 가기를 희망한다.

5 통의동 심야오뎅 ;
공간을 기르는 사람

혼자 가고 싶은 술집

심야오뎅 사장
김슬옹이 썼다.

시작은 내가 혼자 가고 싶은 가게를 찾고 싶어서였다. 혼자서도 편하게 안주 없이 마실 수 있고 나를 조용히 혹은 편안하게 받아 줄 수 있는 술집이 필요했다. 하나씩 '혼자 가고 싶은 술집'의 콘셉트를 잡아 가며 디테일을 챙겼다. 영업시간과 분위기, 음식 등 모든 사항을 나 혼자 결정했다.

심야오뎅은 원래 부암동에서 시작했다. 부암동에서 꽃집을 운영하던 나는 밤에는 꽃집 대신 뭔가 새로운 공간을 만들어 보고 싶었다. 어차피 불면증이 심해서 밤 시간도 허투루 보내기 십상이었으니까. 처음엔 프랑스 가정식 같은 음식을 팔면 어쩐지 꽃집의 분위기와 어울릴 것이라고 생각했다. 무엇이 됐든 무조건 우아하고 근사한 것을 해야 된다는 생각에 사로잡혔다.

고민의 시간은 그리 길지 않았다. 현실적으로 내가 프랑스 사람도 아닌데, 프랑스 음식 해봐야 흉내만 겨우 내는 것에 지나지 않는다고 생각했다. 허울을 벗고, 늦은 시간에 누구라도 편하게 먹을 수 있는 음식이 무엇일지에 대한 고민을 다시 시작했다. 그러다 오뎅이라는 결론을 내렸다. 솔직히 말하면 나는 오뎅을 별로 좋아하지 않았다. 역설적으로 내가 먹어도 맛있을 정도로 준비하면 어떤 손님도 맛있어 할 것이라고 생각했다. 맛있는 오뎅을 찾으려고 시간과 발걸음이 허락하는 대로 맛을 보러 다녔다. 하루 네 시간씩 가스불 앞에서 땀을 흘려 가며 실패를 거듭한 끝에야 마음에 드는 육수도 만들 수 있었다.

꽃집과 오뎅집의 공존. 장사를 하다 보니 낮과 밤의 얼굴이 다른 공간의 괴리를 아우를 만한 뭔가가 더 필요하다고 느꼈다. 공기를 채우는 것은 음악이라고 생각했다. 샹송 가수 에디트 피아프Edith Piaf의 노래로 꽃집과 오뎅집 사이의 빈 틈을 채웠다.

어떻게 알았는지 늦은 밤에도 사람들이 찾아왔다. 단골이 한두 명씩 늘어났지만, 나는 손님에게는 기본적인 서비스 외에는 불필요한 말을 일절 걸지 않았다. 개인적으로 조용히 혼자 술을 마시러 갔는데 주인이 쓸데없이 말을 걸 때 불편했기 때문이다. "혼자 왔느냐"는 말을 듣는 순간 "여긴 혼자 오면 안 되겠구나"라고 생각하곤 했다. 손님이 말을 걸거나, 특별한 요청이 있기 전까지는 기본적인 서비스를 제공하는 것 외에는 손님의 시간을 방해하지 하지 않는 것을 철칙으로 운영했다. 내 단골손님들과 나와의 관계는 그렇게 형성됐다.

가게를 열고 손님들을 맞는 것이 익숙해졌고, 심야오뎅에 익숙해진 손님들 역시 먹고 싶은 음식과 술에 대해 편하게 이야기해 줬다. 손님들의 의견을 메뉴에 반영하면서 공간과 시간이 채워져 가는 느낌이었다. 그러다 보니 혼자 온 손님들끼리도 불편함 없이 한두 마디 나누며 술을 한잔할 수 있는 분위기가 생겼다.

부암동 심야오뎅을 운영하며 왠지 내 인생에 주어진 어떤 할당량을 조금이나마 채운 기분이 들었다. 통의동으로 옮겨 온 심야오뎅도 마찬가지로 잘 지켜 나가면 또 다른 인생의 할당량을 채울 수 있다고 생각한다. 돈은 아직 많이 벌지도 못하고 많이 벌 생각도 별로 없다. 내가 운영하는 공간을 이해하고 존중해 주는 손님이 한 명만 있더라도 그 한 명을 위한 술집을 만들고 싶다. 누군가 분점을 내라고 권유하기도 했지만 심야오뎅에 내가 없다면 영혼 없는 껍데기만 남은 공간이 될 것이라고 생각한다. 나는 가치 없는 공간을 만드는 일을 하고 싶진 않다. 그저 앞으로도 이렇게 살 수 있다면 좋겠다.

인터뷰

심야오뎅 사장 김슬옹

오뎅탕을 끓이는 플로리스트

<u>원래 '부암동 심야오뎅'이었다. 처음 부암동에 자리 잡게 된 계기는 뭐였나.</u>

부암동 공간은 원래 자취방이었다. 어릴 때 분당에서 살았는데, 10년 전 취업을 하면서 부암동으로 나와 살게 됐다. 하지만 부암동이 결코 분당보다 돈이 적게 드는 동네가 아니다. 그 당시엔 부암동 어디여도 좋겠다는 생각으로 집을 찾았다. 마침 산 근처에 방이 하나 비어서 별 고민 없이 계약했다.
그 방은 부암동 산책길의 거의 꼭대기 쪽에 있었지만 다니거나 생활하는 데 큰 불편함은 없었다. 동네 자체가 정말 좋았다. 다만 너무 골방이어서 그런지 도배를 겹겹이 해서 벽지가 1센티미터 정도 두께더라. 여기저기 해져 있기도 했다. 전부 다 들어내고 페인트를 칠해 나만의 공간을 새로 꾸몄다.

<u>그러다 직장을 그만두고 꽃집을 차렸는데.</u>

디자인 회사를 2년 정도 다녔다. 그런데 부암동이라는 동네가 정해진 시간에 맞춰 출퇴근하는 직장인이 살기엔 좀 불편하다. 그땐 어렸으니 더 놀고 회사는 좀 천천히 다니고 싶기

도 했다. 이런저런 이유로 직장을 그만두고 3개월 정도 쉬고 있었는데 집주인 아저씨가 걱정이 되셨는지 "요즘 젊은 사람들은 뭐 이런저런 장사도 잘 하던데 하고 싶으면 집에서 해보라"고 권유하셨다. 부암동 공간이라는 것이 아파트나 빌라 같은 전용 주택이 아니어서 가능하기도 했다.

<u>꽃집이라는 아이템은 어떻게 생각한 건가. 하고 싶다고 해서 하루아침에 꽃집을 열긴 어렵지 않은가.</u>

어머니와 누나가 꽃꽂이 선생이었다. 어렸을 때부터 꽃 작업을 하실 때 옆에서 조수 역할을 많이 했다. 아마 어머니나 누나보다 꽃 다듬는 것은 내가 더 잘할 거다. 꽃집은 일단 개업하기는 편하다는 장점도 있다. 꽃이라는 게 가져다 놓기만 해도 예쁘고 사장은 앉아서 팔기만 하면 되는 거니까.

<u>장사는 잘됐나. 부암동이라는 특성이 영향을 좀 미쳤나.</u>

처음에는 장사가 잘 안 될 줄 알았다. 꽃집에 오려면 비탈길을 올라와야 하니 사람들이 쉽게 올 수 있는 곳은 아니었다. 그래서 꽃 대신 작은 꽃나무들 위주로 가져다 놓고 팔았다. 그런 것들은 키우면 키울수록 가치가 올라가서 손해 볼 염려가 적

다. 좋은 흙이 널렸고 공기가 맑은 주변 환경이 꽃집을 하기 유리한 조건이어서 관리에 큰 어려움은 없었다.

5월에 오픈을 했는데, 드라마 〈커피 프린스〉 촬영 장소랑 겹쳐서 관광객들이 몰렸다. 부암동 일대가 데이트 코스가 된 것도 그 무렵부터다. 솔직히 불륜으로 짐작되는 커플도 꽤 많았다. 내가 파는 꽃나무나 꽃이 결코 싸지 않았는데 현금으로 척척 사가더라. 장사가 어느 정도 잘됐냐면 두 달 일하고 석 달 정도 쉬어도 될 만큼 잘됐다. 그래서 '쉴 때 쉬자'라는 생각으로 목돈을 모으기보단 쓸 만큼 벌고 그 돈으로 여행도 다니면서 지냈다.

부암동 시절의 심야오뎅 외관

그러다 같은 공간에 술집을 열었다. 무슨 생각이었나.

휴식기를 좀 보내다가 다시 꽃집을 열었는데, 돈은 그럭저럭 벌더라도 불확실한 미래에 대한 걱정이 사라지진 않았다. 불면증이 올 정도로 고민이 깊었다. 갑자기 모든 것을 버리고 새로운 일을 하겠다는 생각은 아니었지만, 꽃집을 활용해서 뭔가 일을 꾸밀 필요가 있다고 생각했다. 그때는 겉멋이 들었는지 저녁에 프랑스 가정식을 팔아 보겠다고 생각했다. 업무 관련해서 프랑스에서 한 달 정도 살았던 경험 때문이었던 것 같다. 꽃집하고 이미지도 잘 맞는다고 생각했고. 그렇지만 현실적으로 내가 음식을 아주 잘할 수는 없을 것 같고, 누구나 편하게 먹기에 프랑스 가정식은 적합하지 않은 것 같았다. 사람들이 부담 없이 들어와서 먹을 수 있는 음식을 팔겠다는 생각으로 오뎅을 선택하게 됐다. 아는 분이 부산에 있는 오뎅 업체를 추천해 줬고, 그렇게 오뎅탕을 만들어 팔기 시작했다.

일본 만화이자 드라마인 〈심야식당〉을 벤치마킹했나.

사실 나는 재수가 좋은 사람이다. 나는 심야식당 만화도, 드라마도 보지 않은 상태에서 오뎅집을 준비하고 있었다. 지인들이 이야기를 해줘서 심야식당이 뭔지 알았다. 그렇게 저녁

시간만큼은 '심야오뎅'이란 상호로 장사를 시작하게 됐다. 손님들도 가게에 와서 〈심야식당〉에 대해 자꾸 이야기하니까 그제야 드라마를 찾아봤다. 드라마 자체도 너무 좋았지만 사람들이 이런 분위기를 좋아하고 원한다는 것을 알게 됐다.

<u>그렇다면 꽃과 오뎅 사이에 밀접한 연결 고리가 있는 것은 아니었다.</u>

그렇다. 프랑스 가정식을 하고 싶어 했던 이유는 '꽃' 하면 우아함과 사치스러움이 먼저 떠올랐기 때문이었다. 하지만 오뎅은 누구나 편하게 먹을 수 있는 음식이라서 고른 거다. 꽃과의 연결성이 딱히 크진 않다. 대신 저녁이 돼서 오뎅집으로 영업을 할 때는 입구에 일본식 '노렌(입구의 처마 끝에 상호를 적어 거는 포럼)'을 걸고, 공간을 아우르는 음악이 필요하다고 생각해서 에디트 피아프의 샹송을 틀었다. 꽃과 오뎅이 갖는 이미지의 괴리를 줄이기 위해서 나름대로 짜낸 방법이었다.

<u>실제로 효과가 있었나, 손님들이 그런 부분을 언급한다든지, 입소문이 잘 났다든지.</u>

디테일하게 직접 체크해 본 것은 아니니까. (웃음) 가게가 자

리를 잡고 나서는 찾아오는 손님들이 낮엔 꽃집, 밤엔 오뎅집이라는 특성을 거의 알고 왔기 때문에 큰 고민 없이 내 취향에 맞는 음악을 틀었다. 지금은 단골손님들이 오면 취향에 맞는 음악을 틀어 드리기도 하고, SNS로 손님들이 고른 음악 리스트를 미리 받기도 한다. 나는 손님들, 특히 단골들에게는 나와 함께 이 공간을 만들어 가야 한다고 말한다. 삐딱하게 보면 주인 편하자고 뭔가 손님들에게 책임을 떠넘기는 것 같겠지만, 나는 손님들과 같은 공간에서 서로 듣고 싶은 음악, 먹고 싶은 음식을 즐기고자 한다.

<u>플로리스트와 술집 주인으로서의 삶 중에서 어느 쪽에 더 비중을 두고 있나.</u>

지금은 술집 주인에 더 비중을 두고 있다. 그런데 어느 한쪽을 선택한다는 것은 아니다. 궁극적으로 내 삶의 지향은 식물에 있기 때문이다. 식물이라는 것은 기르고 가꾸기 위한 충분한 시간이 필요하다. 내가 항상 지켜보고 있지 않아도 어디선가 자라고 있는 것이 식물이다. 그래서 지금은 술과 음식에 좀 더 시간을 투자할 수 있는 것 같다. 당장 술집 일을 하는 것에서 더 큰 재미를 느끼고 있기도 하고.

<u>술에 대한 철학이 있나.</u>

술도 음식이다. 요즘은 술에 맞는 음식을 찾는 작업에 많은 시간을 투자하고 있다. 대신 크래프트 비어 열풍처럼 트렌디한 것을 좇지는 않으려고 한다. 수입 맥주에는 병마다 로열티가 붙는다. 팔면 매출은 높아지겠지만 그중에선 국산 맥주보다 품질이 떨어지는 것도 있다. 그런 것을 팔고 싶지는 않다. 소비자의 입장에서도 유행만 찾으면서 필요 이상의 돈을 낼 필요가 있나 싶다. 국산 '수제 맥주'들도 품질이라는 측면에서 보면 가격이나 인식에 좀 거품이 있다고 생각한다. 그냥 비싼 맥주들과 어울리느라 불필요한 가치가 더해진 것 아닌가 싶다. 모든 술이 다 나름의 맛이 있지만 가격보다도 온도, 음악, 공간 등이 다 잘 맞아야 맛을 제대로 느낄 수 있는 게 술이라고 생각한다.

<u>그렇다고 일부러 싸고 보편적인 술만 찾아서 마실 필요는 없지 않나.</u>

품질이 우수하지만 유통에 문제를 겪는 술들이 많다. 지방의 작은 양조장에서 파는 전통주 중에 제대로 가치를 인정받지 못하는 술이 많다. 그런 술들을 잘 찾아내서 소개하고 싶고,

거기에 어울리는 안주도 찾고 싶다. 개인적으로는 젓갈이나 어란 같은 저장 식품에 관심이 많아서 여기저기 다니면서 찾아보고 있다. 술도 음식이기 때문에 술에 맞는 안주를 찾아서 조화를 갖추는 것도 중요한 일이라고 생각한다.

<u>왜 많은 시간을 투자해서 연구를 해야 하는 부분이겠다.</u>

쉬는 날에 지방을 오가면서 새로운 것들을 찾고 매주 화요일마다 테스트를 진행한다. 다만 나는 혼자서 가게를 운영한다는 방향성을 포기하고 싶진 않아서 혼자 다룰 수 있는 술과 안주를 중점적으로 찾고 있다.

<u>술을 처음으로 먹었던 순간이 기억나나.</u>

초등학교 3학년 때 마신 맥주가 처음으로 마신 술이었다. 명절 전날에 어른 흉내를 내면서 마셨던 기억이 난다. 다음 날 바로 몸살이 걸렸다. (웃음) 취하는 기분이 뭔지도 모르고 마셔서, 제사에도 못 갈 정도로 아팠다.
고등학교 때 호기심에 소주를 마셨을 때 취하는 기분을 처음으로 알았던 것 같다. 그때는 썩 유쾌한 기분은 아니었다. 술 해독을 잘 못하는 것 같아서 술을 자주 마시거나 많이 마시지

는 않는다. 가게를 시작하고 나서는 아무래도 전보다는 더 마시게 되는데, 억지로 마시는 것은 아니고 내가 좋아하는 사람들과 어울리는 거니까 나쁘지 않다. 그리고 술만 퍼마신다기보다는 맛있는 음식을 꼭 곁들인다.

<u>가장 좋아하는 주종은 뭔가. 여러 개를 꼽아도 상관없다.</u>

맥주에 대해 비판적인 이야기를 많이 했지만 사실 맥주를 가장 좋아한다. 술집 연다고 오만가지 맥주를 다 마셔 봤지만, 정작 가게에서 팔고 있는 것은 평범하다면 평범한 맥주다. 가장 많은 사람들이 즐겨 마시는 라거lager 맥주를 가장 좋아한다. '댓병'이라고 부르는, 큰 병으로 파는 라거 맥주에 애착이 간다.

<u>가게에서 파는 안주 중에 애착이 가는 것은 뭔가.</u>

오뎅탕과 야끼소바(볶음국수)다. 두 메뉴는 항상 만들 때마다 설레고 더 맛있게 만들고 싶어서 미세하게 조정한다. 조리 중에 누가 말 시키면 발끈할 정도로 제일 집중해서 만드는 안주다. 부암동 시절의 시그니처 같은 메뉴다.

공간의 공기를 다루는 방법

<u>부암동에서 가게를 열었을 때 가장 어려웠던 점은 뭔가.</u>

먹고사는 문제였다. 누구나 비슷하게 생각하겠지만 '이게 될까?'라는 불안감이 컸다. 그때는 안 되면 말자라는 생각으로 마음을 편하게 가지려고 노력했다. 사실 지금도 완전히 망하면 부모님이 계신 파주로 가서 국수 장사를 하거나 용달차 구해서 떡볶이 팔면 된다고 생각하고 있다. 대신 망할 때는 시원하게 망하는 편이 낫다고 본다. 금전적으로 지원을 받지는 않기 때문에 번 만큼만 시도할 수 있어서 발전 속도가 느릴 수는 있겠지만, 이 과정에 조바심을 느끼지는 않는다. 내 기준을 세우고 거기에 맞게, 편하게 간다고 다짐하고 있다.

<u>시간과 공을 들여서 부암동에서 자리를 잡았는데 굳이 통의동으로 옮긴 이유는 뭐였나.</u>

단골손님 중에 한 분이 통의동 보안여관 옆에 '보안 1942'라는 공간을 새로 만들면서 대표가 됐다. 보안여관에 대한 오마주 같은 공간인데, 굳이 표현하자면 '숙박&문화 공간'이라고 할 수 있겠다. 그러면서 지하 2층 공간에 들어오지 않겠냐는

제안을 했다. 당연히 고민을 했다. 지금 서른다섯 살인데, 내가 일흔까지 산다고 가정하면 절반 남은 인생에 대해서 생각해 봐야 할 시기라고 느끼고 있었다. 결론적으로는 큰 선택을 했다. 나한테 제안을 주신 분이 "건물을 같이 기르자"라고 말했는데, 그 말에 마음이 움직였던 것 같다.

심야오뎅의 통의동 공간. 보안 1942 지하 2층에 있다.

> 통의동 공간은 심야오뎅을 확장하는 개념인가. 본격적인 술집 사장으로서의 인생을 가는 건가.

그보다는 부암동의 전체 공간이 확장된 것으로 보는 것이 맞다. 건물을 같이 기르자는 제안을 주신 것은 꽃이나 식물과 관련해서도 내가 할 일이 있기 때문이다. 이 공간에서도 꽃과 식물을 가꿀 것이고, 건물 전체를 잘 꾸며 보기로 했다.
여기로 오겠다는 결심을 한 가장 큰 이유는 나는 궁극적으로 꽃을 소재로 여러 가지 작업을 해보고 싶고, 그 과정에서 나만의 고유한 스타일이 생겼으면 하는 바람 때문이었다. 이 공간에서는 그런 확장이 가능하겠다는 느낌이 들었다.

> 공간을 전적으로 본인이 책임지는 방식인가.

아니다. 나는 이 공간에서 꽃과 술을 담당한다. 낮에는 이 공간이 '보안책방'이라는 책방으로 운영된다. 콘셉트 자체가 술, 책, 식물 등 여러 가지가 복합적으로 섞인 공간이다. 낮에 책방을 담당하는 분은 따로 있다.

<u>그럼 책방 운영에 대해서는 전혀 관여하지 않고 공간만 공유하나.</u>

대표님과 나와 책방 담당이 같이 공유하고 운영한다고 보면 된다. 서로의 분야에 크게 관여하지는 않지만 기본적으로 관련된 모든 사항을 공유한다. 지금 단계에서 시스템이 완전하게 자리 잡은 것은 아니고, 아마도 해나가면서 계속 변화를 주게 될 것 같다.

<u>부암동 공간은 처분했나.</u>

원래 살던 곳이니까 처분한 것은 아니고 온전히 나만의 공간으로 쓰고 있다. 부암동은 좋은 사람들이 많이 찾아 줘서 좋은 공기가 채워진 공간이다. 나도 아쉽고 손님들 중에서도 아쉬워하는 분들이 많다. 변화에 하나씩 적응해 가는 중이다.

<u>부암동과 비교하면 통의동은 온전히 독립적인 공간은 아니다. 부암동에 있을 때보다 더 좋은가.</u>

통의동이 온전히 독립된 공간은 아니지만 내가 일하는 시간만큼은 내 것이고 내 공간이다. 이쪽 구석부터 저쪽 구석까

지 내 공간이 아니라고 생각해 본 적은 없다. 내가 일하고 있는 시간, 내 손님들이 있는 시간 동안은 아무리 넓은 운동장이라도 내가 책임을 지는 공간이라고 생각한다. 그런 측면에서 부암동이냐 통의동이냐는 크게 중요하지 않다. 어찌 보면 나는 지리적인 의미의 공간은 이제 따지지 않게 된 것 같다.

<u>가게를 옮긴 것을 싫어하는 손님도 있나. 심야오뎅만의 정체성이 사라졌다는 이야기를 한다든가.</u>

더러 있었다. "오뎅집 해서 돈 많이 벌었네"라며 이 공간이 마음에 들지 않는다고 오자마자 돌아가는 손님도 있다. 그런데 정체성은 공간에서 나온다. 여기서 운영하는 심야오뎅은 이 공간만의 특성이 반영될 것이다. 새로운 곳에서 지난 가게를 회상하며 똑같은 것을 그대로 재연하고 싶지는 않다. 여기가 싫다고 문 앞에서 돌아가는 손님을 보면 많이 아쉽지만, 내가 나서서 해결할 수 있는 문제는 아니라고 생각한다.

<u>창업 과정에서, 혹은 가게를 옮기는 과정에서 들었던 가장 실망스러운 말은 무엇인가.</u>

많은 사람들이 부암동 공간이 더 아지트 같고 좋았다는 이야

기를 했다. 실망의 표현일 수도 있지만 나는 여기도 그런 공간으로 만들었으면 좋겠다는 응원 내지는 바람이라고 이해하려고 한다. 다시 말하지만 새로운 공간에서 전에 익숙했던 공간의 느낌을 연출하는 것은 가장 어리석은 것이라고 생각했다. 영원한 것은 있을 수 없고, 나는 '박수칠 때 떠나왔다' 정도로 생각하려고 한다. 새로운 공간의 공기를 만들어야 하는 시기라고 생각했고 그런 공간을 찾은 것 같아 긍정적으로 임하고 있다. 사람들에게 실망한 것은 없었고 중간에 포기하게 되면 나한테 실망할 것 같았다.

<u>공간이 달라졌으니 오는 사람들의 스펙트럼도 넓어질 것을 기대하나.</u>

그런 것에 대한 큰 욕심이 있지는 않다. 기본적으로 손님을 대하는 내 마인드는 똑같다. 오시던 분들이 계속 오시는 것은 당연히 좋은 일이고 발걸음을 끊지 않고 계속 여기를 찾아왔으면 좋겠다. 나는 돈 같은 것은 별 상관이 없고 "여러분 덕에 좋은 공간에 왔고, 같이 누릴 수 있으니 우린 계속 친구다"라고 말하고 싶다. 새로운 손님들이 오는 것 역시 좋은 일이다. 영화 상영회, 북 콘서트, 파티 등을 통해서 좋은 공간을 많은 사람들이 같이 누릴 수 있기를 기대한다. 복잡하게 줄 서서 먹는

맛집 같은 곳이 되고 싶진 않지만.

<u>이 공간의 미래는 어떤 형태로 꿈꾸고 있나.</u>

이 공간을 한 명의 기획으로만 지속적으로 꾸려 가긴 힘들다. 체계적으로 공간을 사용할 수 있도록 계획을 잡아 가기로 했다. 여러 가지 문화 행사를 할 수 있는 공간이라는 특성을 잘 활용하려고 한다. 결과적으로 사람들을 이곳에 모으는 것이 목표다. 통의동 공간이 내가 하고 싶었던 것들을 퍼뜨릴 수 있는 공간이 되고, 또 그런 것을 원하는 사람들이 모여들었으면 좋겠다.

<u>'하고 싶은 것'을 구체적으로 설명해 주면 좋겠다. 사람들을 모으는 게 전부인가, 아니면 어떤 트렌드를 만들어서 퍼뜨리고 싶은 것인가.</u>

조금 철학적으로 말하자면, 어떤 공간에 있는 공기를 잘 다루는 사람이 되고 싶다는 생각을 하고 있다. 음악과 사람, 음식과 술이 잘 어우러지는 생기 있는 공간을 만들고 싶다. 내가 원하는 손님들은 어디에서 살고 무슨 일을 하느냐를 따지지 않는 사람들이다. 사회적 지위로 서로를 분류하는 사회는 지

옥과 같다고 생각하기 때문이다. 서로 하고 싶은 이야기를 나누고 먹고 싶은 것을 즐겁게 먹을 수 있는 공간과 문화를 만들고 싶다. 어떤 공간의 공기는 주인이 중심이 돼서 형성되고 그곳을 찾는 사람들로 인해 채워진다고 생각한다. 나는 지금 그런 것을 만드는 일을 시도하고 있다.

<u>또 새로운 공간이 생기게 된다면 어떤 방식으로 운영하고 싶은가.</u>

체인점을 만들고 싶지는 않다. 별로 좋아하지 않는다. 기본적으로는 뭔가 혼자서 이뤄 내는 것이 좋다. 혼자서 한다는 것이 확장성을 갖기 힘든 구조일수도 있지만 가게에는 주인의 뚝심이 배어 있어야 생명력을 지닐 수 있다고 생각한다.

<u>해외로 나가서 사업을 하고 싶은 마음은 없나.</u>

인스타그램이나 페이스북에 해외 사진을 자주 올리고 있긴 하다. 밖에서 안을 보는 관점에서 새로운 것을 찾고 싶어서다. 여행과 일을 위해서 해외에 나갈 수는 있지만 기반 자체를 옮기고 싶지는 않다. 한국 사람은 한국이 제일 좋고 편하고 살기 좋다고 느낀다. 해외로 나가더라도 먼 미래의 일일 것이다.

<u>매일 가게를 닫고 나올 때마다 어떤 생각이 드나.</u>

가게 문을 열면서 '오늘 손님이 한 분도 안 오시면 어쩌지'라는 걱정을 매일 한다. 7년째 하고 있다. 가게를 닫을 땐 언제나 우리 손님들에게 절하고 싶은 마음이다. 내가 뭐라고 부암동 산골에, 지금은 간판도 없는 지하 2층으로 찾아올까 싶다. 무조건적으로 감사할 뿐이다.

<u>혼자 일하는 것이 어렵거나 허전하지는 않나.</u>

혼자 일하는 것에 대해서는 큰 불만 없이 만족하고 있다. 힘들어도 내 일이고 돈 버는 걸 쉽게 생각해 본 적도 없다. 더 열심히 하면 더 잘할 수 있다고 생각할 뿐이다.

영감이 아닌 경험으로 만드는 미래

<u>내 가게에 왔으면 하는 손님은 어떤 타입인가.</u>

내가 파는 물건의 가치를 제대로 인정해 주는 손님.

<u>자기 확신이 너무 강한 것은 아닌가.</u>

뭐든지 혼자 하겠다는 주의는 아니다. 많은 사람들하고 협업을 추구할 것이다. 다만 내 공간에 대해 책임감을 가지겠다는 의미다. 궁극적으로는 많은 사람들과 함께 트렌드를 만들고 싶다. 복합적인 문화 공간을 여기에 만들고 싶다.

<u>일을 하다 보면 때로는 주인이 자기 생각이나 철학을 좀 굽혀야 하는 경우도 있을 텐데.</u>

그런 일은 별로 내키지 않는다.

<u>김슬옹은 어떤 사람인가.</u>

성격이 안 좋은 것 같다. (웃음) 기본적으로 예의가 있어야 한다는 생각은 확고하고, 남한테 피해를 안 주는 사람이면 좋겠다. 여길 찾는 손님은 내가 만족을 시켜 줘야 한다. 불편함이라는 것이 있어선 안 된다. 어떤 손님이든 내가 극진히 대해서 손해 볼 일은 없을 것 아닌가. 또 내가 손님일 때 당해 본 기분 나쁜 일을 떠올려 보면 잘할 수 있게 된다. 내가 성격이 안 좋긴 한데 그것을 일하면서 손님들에게 드러내지는 않는다.

<u>버리지 못하고 있거나, 버리기 싫은 편견이 있나.</u>

미야자키 하야오의 〈붉은 돼지〉에서 주인공 포르코가 "비행할 때 당신이 필요로 하는 것은 무엇이냐"는 질문에 '영감'이라고 답했다. 그런데 나라면 '경험'이 우선이라고 말하고 싶다. 내가 싫든 좋든, 나보다 하루라도 먼저 태어난 사람은 최소한 밥을 소화하는 능력이라도 나보다 하루치는 앞선다는 생각으로 살고 있다. 아직 내 나이에서는 영감보다는 경험이 더 중요하다고 생각한다. 그래서인지 나보다 어린 사람들과는 솔직한 대화를 나눌 수 없을 것이라는 편견이 있다.

<u>지금 이 시점에서 본인을 평가하자면.</u>

이런 공간에 좋은 조건으로 왔다는 것은 혜택을 받은 것이나 다름없다. 이 공간을 욕심냈던 사람들이 많았다고 들었다. 솔직히 왜 내가 제안을 받았는지 잘 모르겠기도 하다. (웃음) 그렇지만 여기서 하고 싶은 일이 분명히 있는 것 역시 사실이다. 10년 전으로 시계를 돌려 보면, 지금 내가 가진 모든 것이 다 성취다. 일을 마치고 잘 수 있는 독립된 방이 있으며, 괜찮은 차도 살 수 있었다. 이 공간에 대해서 책임을 지면서 하고 싶은 일이 있으면 추진할 수 있는 환경도 갖춰졌다. 10년 전과

비교해선 모든 게 바뀐 것이다.

<u>앞으로 5년 뒤에 본인은 무엇을 하고 있을 것 같나.</u>

본질적으로는 지금과 같을 것이다. 나는 무한한 재료를 여러 가지 방식으로 배열하는 행위를 좋아한다. 지금은 조금 더 큰 공간에서 더 많고 더 깊이 있는 도구들, 사람들을 만나고 나를 보여 줄 기회가 생겼다. 앞으로는 다른 나라에서도 활동해 보고 싶다. 하지만 5년 뒤에 가능할진 모르겠고, 10년 뒤라면 가능할 것도 같다.

<u>본인이 지금까지 해왔던 방식을 다른 사람들에게 기꺼이 권유할 수 있나.</u>

해보고 싶은 걸 해보라고 권유하고 싶다. 해봤는데 아니면 다른 걸 하면 되고. 하고 싶지 않은 것을 계속했다가 나중에 그게 아니라고 생각되면 시간 낭비밖에 더 되겠나. 하고 싶은 것이 있다면 빨리 하고, 망하면 다시 수정해서 다른 것을 하면 된다고 말해 주고 싶다.

<u>이런 형태의 삶을 꿈꾸는 사람들에게 어느 정도 롤모델이 되었다고 생각하나.</u>

글쎄. 솔직히 지인들이 나한테 뭐 좀 물어보겠다고 전화하면 잘 안 받는다. 내가 뭐라고 자꾸 나한테 물어보나 싶다. (웃음)

<u>터전을 옮겼고, 이제 다른 이들의 기준에 맞춰 뭔가를 증명해 내야 하는 상황이 된 것일 수도 있다. 부담이 되나, 더 의욕이 생기나.</u>

가진 것 없이 빈털터리로 집을 나와 지금의 상황까지 온 것 자체가 기적이라고 생각한다. 수치를 따질 것도, 증명할 것도 없다. 다만 내세울 것이 하나 있다면 '내 손님들'이라고 생각한다. 내가 이 사람을 알고 저 사람을 안다는 식의 자랑을 하고 싶은 것이 아니다. 나를 응원해 주는 오래된 손님과, 친구가 된 손님이 많다는 것, 나는 그것으로 만족한다.

<u>성공의 기준이 뭔가. 성공을 측정할 수 있는 방식에는 뭐가 있을까.</u>

친구가 많으면 성공이라고 생각한다. 언제든 연락했을 때 바

로 만날 수 있는 친구의 숫자가 얼마나 많은지가 성공을 측정하는 방식이라고 생각한다.

<u>마음에 맞는 사람들을 많이 만난 것 같은데, 우연일까, 노력의 결과일까.</u>

나는 분명히 노력이 필요하다고 생각한다. 세상에는 덮어놓고 잘 맞는 사람은 없고 서로 어느 정도는 맞춰 나가야 한다. 나도 정말로 같이 일하고 싶은 사람이 생기면 그 사람에게 많은 것들을 맞출 것이다.

<u>김슬옹의 성장 동력은 무엇일까. 성장을 막는 요인들이 있다면 또 무엇일까.</u>

성장 동력은 큰 성공과 변화를 추구하기보다는 불필요한 것들을 하나씩 조정해 나가는 느긋함이라고 생각한다. 순간적인 변화는 나도 싫고 내 주변 사람들도 싫어한다. 여러 가지 경험을 하면서 조금씩 변화하게 되고, 그 변화는 자연스럽게 나타나는 것이니까 그게 더 성장하는 느낌이다.
한편으론 느긋한 면이 성장을 막기도 하는데 뭔가 큰일을 벌여 보자는 사람하고는 일을 안 하니까 기회를 놓치는 면도 있

겠지. 하지만 나는 절대 그런 일을 하고 싶지도 않고 할 수도 없다고 생각한다.

> 자신만의 개성이 강한 가게가 잘 유지되려면 어떤 부분들이 필수적이라 생각하나.

주인이 꿋꿋하게 자리를 지키면서 자신만의 아이덴티티를 공간 전체에 풍겨야 한다. 적당히 돈도 잘 벌어야겠지. 주인이 뚝심을 제대로 잡는 게 지속 가능성을 확보하는 가장 좋은 방법이라고 생각한다. 개성만 강하고 장사를 못해서 삶을 유지하지 못하면 그건 좀 별로다.

남들이 하는 게 좋아 보인다고 무작정 따라하면 안 된다. 각기 다른 개성을 지닌 사람들이 독립술집의 주인이 되고, 또 손님들도 주인의 영역을 존중하고 인정해 주는 분위기가 만들어지면 좋겠다. 그렇게 된다면 독립술집들이 더 많아지고, 서로 시너지도 낼 수 있을 것 같다.